Ricominciamo dal Turismo Emotivo

Come creare Emozioni per attrarre i Viaggiatori
di
Simonetta Stefanini

Prefazione

Questo manuale è stato redatto per tutti coloro che desiderano creare Esperienze (mettiamo la E maiuscola perché sono importanti) per incrementare la richiesta turistica di una struttura ricettiva o di un'abitazione, situate in luoghi attraenti per i viaggiatori, creando un incremento dei profitti economici. Se poi i luoghi non sono così entusiasmanti, allora le emozioni serviranno a renderli interessanti. Difficile trovarne in Italia!

Il mondo dei "viaggiatori", in qualità di "clienti consumatori" di turismo, cambia costantemente e come una reazione a catena costringe le strutture e i tour operator a intraprendere nuovi metodi di promozione per contrastare la crescente concorrenza.

Dopo le incalzanti offerte con il low cost, il last minute e il last second, siamo passati al viaggio fai da te e a un web che offre grandi opportunità di ricerca e scelta individuale, nonché professionisti di ogni tipo: dalle guide turistiche professionali ai blogger esperti, alle organizzazioni amatoriali e agli organizzatori privati di viaggi su misura.

Possiamo affermare che il cliente di nuova generazione utilizza sempre meno le classiche agenzie turistiche, in quanto interessato a un viaggio mirato ai propri interessi e forse per un desiderio recondito di trasformarsi in esploratore di nuove mete. Eccetto per i Paesi esteri dove, anche a causa della lingua, si tende a beneficiare delle proposte dei tour operator e per i viaggi che includono bambini, quando non sono graditi imprevisti.

Oggigiorno si possono leggere le valutazioni di chi è passato in precedenza, in un luogo o una struttura e, senza vincolo alcuno, si può commentare su tutto: pulizia, personale, prezzi, cibo, puntualità, educazione e ogni dettaglio possibile. Possibilità anni fa inesistente, ma veramente utile.

La crisi internazionale nel 2020, provocata dal virus Covid 19, scusate ma non mi sono accorta degli altri 18..., ha gettato il settore dell'ospitalità turistica nel buio dello sconforto, con nuove frustanti normative per la gestione delle strutture. E nessuno accenna dell'ospitalità casalinga degli operatori come Airbnb e le molte agenzie che gestiscono gli affitti di immobili privati per brevi soggiorni.

Il turismo è destinato a cambiare, questo è certo, dobbiamo guardare con altri occhi e verso nuove prospettive, pianificando strategie di valore alle quali prima non avevano pensato. In questo periodo, incluso me, come privato che possiede un immobile in località turistica, siamo costretti a rimboccarci le maniche e compiere nuovi passi, cercando di essere molto pratici e poco filosofici. Per questo, grazie alla mia pluriennale attività di formatore in sviluppo aziendale, ho raccolto tutte le mie ricerche e ho descritto un percorso semplice, per non professionisti, allo scopo di sviluppare la propria attività privata o incrementarla al meglio, sfruttando le Esperienze da offrire al turista, basate su di una strategia emotiva.

Seguendo questo percorso sarete capaci di pianificare le Esperienze da proporre, in modo strategico e con sicuro successo. Sarà un piacevole viaggio dentro le emozioni trainanti e vi scoprirete a dirvi:

"L'avevo detto che funzionava!".

Simonetta Stefanini

3

Viaggiare, esplorare,
conoscere ed espandere i propri confini

Quella del viaggio è una dimensione innata nell'uomo, un bisogno connaturato dell'essere. Esplorare, oltrepassare i confini, proprio in quanto bisogno, rappresenta il turismo come materia privilegiata, la quale ha sviluppato un ramo specifico anche del marketing. Oggi il Web Marketing turistico potrebbe essere un settore particolarmente fortunato, se siamo in grado di analizzare e utilizzare i dati a disposizione nel web. Per marketing turistico intendo quel complesso di strategie che hanno come finalità la definizione di progetti e programmi destinati a garantire lo sviluppo delle strutture e delle attività imprenditoriali, in un determinato territorio e in periodo continuativo, pur rinnovandosi.

Si potrebbe semplicemente definire come marketing applicato al turismo, ma questo significherebbe sottovalutare la complessità di prospettive legate a questo settore. Pensiamo alle differenze tra le varie strutture ricettive - hotel, b&b, agriturismi, alberghi diffusi, case vacanze e villaggi, infine pensioni, hotel di vario genere, per avere una prima idea dei diversi target che è possibile individuare in questo ambito della promozione e le diverse strategie che dipendono dalle caratteristiche di ognuna. Il turismo è una delle più diffuse attività, ma per definirlo meglio lo identifichiamo come lo spostamento di una o più persone dal luogo di dimora abituale, comprendente l'insieme dei beni e servizi utilizzati dal viaggiatore, nonché le relazioni tra chi ne è fornitore e chi utilizza.

Un viaggio turistico è limitato nel tempo, con almeno un pernottamento e con il conseguente ritorno alla dimora abituale; le escursioni di una giornata o lo spostamento per lavoro non sono considerati turismo.

Questo settore commerciale muove una serie di attività economiche i cui prodotti soddisfano determinati bisogni: di riposo e di svago, di cura, di conoscenza di persone e luoghi nuovi, di partecipare a manifestazioni ed esperienze di varia durata e tipologia.

Il turista, quindi, si configura come un protagonista attivo di processi di scelta e di acquisto, dei quali il marketing deve tenerne conto per riuscire a incanalare e raggiungere gli obiettivi di crescita di chi offre un prodotto, promuovendolo al meglio.

La piazza del web e la concorrenza

Di anno in anno le offerte del web, promosse da portali specializzati, aumentano in modo esponenziale, in modo particolare per le abitazioni private da affittare, da un weekend a qualche settimana, anzi quello che funziona maggiormente è proprio la fuga di 2/3 giorni a fine settimana, soprattutto nelle città principali.

Con un volo low cost e prenotando in anticipo, possiamo passare tre giorni in molti luoghi desiderabili con pochi spiccioli. Certo questa tipologia di viaggio è categoricamente non usata da persone anziane, ma sono un numero non influente.

Dobbiamo dire che soprattutto per molti, è stata un'innovazione mentale mettere a disposizione la propria casa, con dentro i propri oggetti e lasciarli toccare a estranei. Va meglio se si tratta di una seconda casa. L'importante è che non sia la stessa che usiamo noi!

Come interpretare questo comportamento? Tendenza possessiva? Gelosia delle proprie cose? Di sicuro questa è la base. In molti altre nazioni l'idea di affittare anche camere della propria abitazione è ritenuta un'opportunità, e grazie a internet, da pochi anni possiamo inserire il nostro bene in una grande vetrina: il mondo!

Il web è diventato un'enorme piazza con venditori e acquirenti che si muovono al suo interno, alcuni a casaccio, altri con cognizione di causa. Per farci notare dovremmo essere degli eccentrici o fare qualcosa che attiri l'attenzione, oppure avere una strategia.

In mente, quando parlo di questo, mi sovviene il ricordo di Marrakesh, rinomata città del Marocco. I miei clienti possedevano un piccolo hotel e quando qualcuno chiamava perché si era perso, cosa estremamente facile, gli mandavano incontro una persona all'ingresso della piazza principale.

Per chi c'è stato non ha bisogno che io continui, per gli altri c'è solo da immaginare: una piazza con centinaia di persone che si muovono in mezzo a incantatori di serpenti, chioschi fumanti di carne arrostita e spremute appena fatte che ti porgono in bicchieri gocciolanti e mal lavati, in un intreccio di voci, rumori e musica.

L'ingresso principale alla piazza è largo con un andirivieni continuo anche di auto, le quali, per fortuna, possono solo girargli intorno.

Trovare quell'individuo, mandato dall'hotel, per il turista era come afferrare uno specifico pesciolino in un fiume in piena e... in mezzo alle rapide!

Questo esempio è un esempio calzante di come dobbiamo considerare la nostra struttura o abitazione turistica da promuovere: siamo come quel viaggiatore in mezzo ad altri simili e dobbiamo individuare le opportunità per emergere nel mare magnum del turismo internazionale, e più piccoli siamo più difficoltà abbiamo, considerando che la spada di Damocle del feedback del consumatore pende costantemente sulla nostra testa e ci costringe a potenziare e migliorare ogni dettaglio commerciale.

Ok, l'abbiamo capito, ma quale?

Negli ultimi anni si sono moltiplicati i consulenti di marketing e della comunicazione, soprattutto giovani professionisti, i quali usano un gergo linguistico tecnico con parole di questo tipo: *Advertising* per dire annunci pubblicitari, *Art director* per dire grafico, *Audience* per identificare il gruppo di persone che riceve il messaggio e parole del web come *Bid*: la quota da pagare perché il vostro sito web sia più visibile in alcuni motori di ricerca a pagamento, **Bounce Rate**: la percentuale di persone che abbandonano un sito senza visitare altre pagine, **Cost Per Click** (CPC): il costo per l'inserzionista di ogni singolo click su un annuncio che collega alla pagina Web del vostro sito, **Feed o RSS**: un contenuto formattato mediante codice XML che permette lo scambio di contenuto tra diverse applicazioni e/o piattaforme.

Capito qualcosa? Se rispondete di si, vuol dire che siete già stati colpiti da quest'influenza tecnologica e vi trovate in un livello superiore alla media.

Per me è cinese! E neppure voglio capirne di più!

Posso dire lo stesso del mio amico sardo che con la sua famiglia ha ristrutturato un casolare con cinque appartamenti, che affitta ai turisti durante l'anno. Aspetta che qualcuno chiami per prenotare... se risponde al telefono e non si trova con gli animali in fattoria.

I casi sono due: chi non ha il tempo o le capacità di adattamento, per fare prima, si affida a terzi e speriamo bene che afferri il professionista giusto!

Il vero problema è trovare l'esperto "tuttologo" che sappia lavorare sul web, che studi la comunicazione, il linguaggio adeguato e gli argomenti. Per questo sono nate una miriade di società che seguono il cliente per tutto, con team specializzati. Ma i costi? In quanto tempo una piccola attività li recupera? Secoli! Consideriamo anche che stiamo parlando di un lavoro continuativo e quindi costi... continuativi.

Oltremodo, grazie alle normative, sono nate aziende che offrono servizi professionali per gestire al meglio la relazione con i clienti, prima, durante e dopo il soggiorno, grazie anche alla creazione di App personalizzate. Queste instaurano un dialogo immediato con i propri ospiti, potendoli anche fare interagire tra loro in una sorta di micro community che dialoga, suggerisce e critica, innescando un meccanismo virtuoso e utile al viaggiatore che può disporre di dati e informazioni reali, continuamente aggiornate.

In genere le aziende di consulenza turistica offrono servizi per come renderci più visibili nei motori di ricerca, ottimizzare i nostri siti web, le prenotazioni, automatizzare i check-in e check-out, ottenere sempre più recensioni positive e ampliare il nostro raggio di azione imprenditoriale.

Ecco, "imprenditoriale" è una parola che stona nel nostro manuale, il cui significato si definisce come: "Complesso di qualità indispensabili per esercitare con successo l'attività di un'azienda e che perlopiù vengono identificate con l'intraprendenza, l'attivismo, la disponibilità a rischiare un capitale economico e il lavoro di individui".

Parliamo di affari e come svilupparli, ma tutto ciò può basarsi su una programmazione che abbiamo già pensato e costruito e le spese per le piccole e medie strutture sono un investimento sempre troppo ingente, specie se a gestione familiare e stagionali.

Cosa interessa ai tour operator e a noi

Per supportare le strutture ricettive, i grandi Operatori Turistici offrono anche consulenze specifiche per promuovere le caratteristiche distintive delle location, con servizio di rating (indice di gradimento) e informazioni personalizzabili, in modo da attrarre una clientela mirata e valorizzando le peculiarità di una zona riguardo ai punti d'interesse culturale, ai parcheggi, negozi, ristoranti, vita notturna e sicurezza del quartiere.

Poniamoci una domanda logica: qual è però l'interesse dell'Operatore che ci sta offrendo il servizio?

1 - Inserirci nel loro catalogo con la migliore immagine possibile, in modo da attrarre più interessati.

2 - Guadagnare dalla vendita delle proprie offerte turistiche.

Quindi:

Possedere il maggior numero di strutture possibile.

Spesso devono essere realizzate fotografie e filmati adeguati, che saranno proposti con un costo per i proprietari.

A volte sono richieste migliorie che la proprietà deve realizzare per una migliore e adeguata promozione.

Il tour operator o agenzia hanno interesse a mostrare quante più strutture possibile, per offrire ai propri clienti molteplici possibilità di scelta; non interessa promuovere una specifica struttura, a meno che non aderisca ai servizi aggiuntivi.

Il cliente si troverà di fronte a molte offerte, gli sarà sufficiente cercare la località, quanti posti letto e le caratteristiche, poi leggerà i commenti dei visitatori precedenti e sceglierà.

Basta guardare alcuni siti per capirlo, più strutture si possiedono e più possibilità di vendere prenotazioni si hanno. Il beneficio economico per il tour operator è fatto. Rientra nello schema: più clienti sceglieranno tra le sue proposte e torneranno l'anno successivo... anche da un'altra parte... purché nello stesso catalogo, e l'obiettivo è raggiunto.

L'obiettivo del Tour Operator è fidelizzare il cliente alle possibilità e ai servizi offerti, non alla specifica struttura, in questo caso la nostra.

Ritorniamo al punto di partenza: una struttura deve attrarre e piacere al cliente, il quale vorrà tornare perché qualcosa di emotivo è accaduto durante il suo soggiorno. Di luoghi belli ce ne sono molti, di strutture ricettive migliaia e di tutti i tipi.

Dobbiamo mirare a centrare il nostro obiettivo, ottenere clienti e fare in modo che questi preferiscano noi e non altri.

Il virus turistico

Il tanto citato virus Covid19 non ha solo mietuto vittime fisiche, ha distrutto il turismo italiano per l'anno 2020 e per gli anni a seguire, a tutti gli operatori del settore, aspetta una salita molto ripida da affrontare. Siamo di fronte a un nuovo ostacolo, fisico, economico e psicologico, un percorso per partecipanti già stremati al "pronti e via".

Diciamolo chiaramente: la comunicazione di questi mesi non è stata né rassicurante, né propositiva. Non desideriamo instillare l'idea che sia stato voluto, ma non sappiamo ancora quando e come il turismo potrà viaggiare o ripartire a pieno ritmo, nonostante gli aiuti dichiarati.

Ovvio, non possiamo rispondere per i governi esteri, ma alle strutture italiane la gestione della comunicazione è stata incentrata per mesi sull'elencare ripetute volte al giorno il numero dei morti, degli infetti, e solo per ultimo i guariti, con soluzioni dell'ultimo minuto e in continua evoluzione, apparendo come una volontà comunicativa di blocco.

Non è questa la sede per criticare le non azioni e le risposte dovute agli operatori del settore, in un momento dove il caos e la difficoltà estrema farà sicuramente generare una serie di paure nei possibili ospiti, è bene pianificare in anticipo le risposte e le strategie in modo indipendente.

Questo è un manuale creato appositamente per comprendere e attuare dei cambiamenti, dedicato ai privati e alle strutture che avevano trovato nel turismo un incremento economico, come attività primaria e non, per esempio gli agriturismi e le abitazioni private, oppure le locande, i b&b, le pensioni e i piccoli hotel. Presupponiamo che gli hotel di grandi dimensioni, seppur potrebbero beneficiare di questo approccio, siano già in possesso di un Team adeguato e di risorse economiche di supporto.

Protocollo Nazionale Italiano

"Accoglienza Sicura"

Federalberghi, Confindustria Alberghi e Assohotel, oltre ad altre organizzazioni nazionali italiane, leader nell'ospitalità, hanno sottoscritto un protocollo denominato "Ospitalità Sicura", per stabilire le misure di prevenzione nella diffusione del virus Covid-19 nelle strutture di ospitalità turistica, che elenchiamo brevemente, in modo da inserire l'attività svolta, prevista dalle norme, per rendere informato il vostro cliente.
Il protocollo, per intero, è scaricabile nel sito: www.accoglienzasicura.it.
Il protocollo intende fornire una procedura unica su tutto il territorio e per le varie tipologie di strutture ospitanti, onde

tutelare la salute degli ospiti e dei lavoratori, interni ed esterni.

Precisiamo che il protocollo non si riferisce agli immobili privati, dove non sono serviti alimenti e non hanno interventi e servizi di persone esterne per tutta la durata di soggiorno del viaggiatore. Quello lo abbiamo già visto nel precedente capitolo.

Vediamo i passi, uno alla volta, dall'arrivo dell'ospite alla sua partenza.

Reception

- Rispettare le distanze tra le persone, di almeno un metro, o come previsto dalle autorità locali.

- Se possibile differenziare i percorsi in entrata e in uscita, utilizzando indicatori di segnaletica.

- Anche se il tono di cordialità, usato in una buona accoglienza, deve sempre essere presente, è bene evitare baci e abbracci e strette di mano.

- Mettere a disposizione del cliente, e per ogni postazione, i liquidi per disinfettare le mani, guanti e mascherine.

- Evitare gli assembramenti degli ospiti.

- Richiedere, in modo anticipato, tutte le informazioni necessarie per il check-in degli ospiti, in modo da rendere più agevole l'ingresso ed evitare soste alla reception. Questo è molto utile per i gruppi.

- Invitare il capogruppo o il capofamiglia a raggruppare i documenti per espletare tutte le pratiche e i contatti per i membri del gruppo.

- Invitare gli ospiti a conservare la chiave per tutto il soggiorno.

- Posizionare cestini con pedale per evitare l'uso delle mani.

- Essere provvisti di tutti i contatti sanitari necessari per supportare il cliente.

- Predisporre accessi e percorsi appositi per i fornitori esterni.
- Formazione del personale in modo adeguato, per il personale addetto alle pulizie e somministrazione alimenti.
- Realizzare una segnaletica informativa delle norme da rispettare e vigilare sull'operato dei clienti.

Ogni struttura potrà attingere al protocollo e verificare le proprie necessità, le quali saranno aggiornate periodicamente.
Purtroppo non possiamo conoscere l'andamento di questa situazione, ma molte di queste norme si consolideranno come uso comune.

Anno 2021

necessità sicure e dubbi del cliente

Oltre alle normative igienico-sanitarie, delle quali abbiamo parlato, l'Organizzazione del turismo mondiale e gli esperti vedono una ripresa del turismo dall'estate 2021, oppure oltre, con date incerte.

Abbiamo superato il 70% di calo a livello internazionale di movimento turistico; per vedere risalire il grafico ci vorrà tempo.

Ma non siamo qui per vedere il bicchiere tutto vuoto, bensì per riempirlo, poiché proprio ora, nel momento di piena crisi è giusto promuovere e dobbiamo programmare le strategie in modo anticipato. Chi sarà pronto avrà la meglio rispetto alla concorrenza.

Lo scopo è invogliare a far prenotare il soggiorno, in un momento dove le disdette sono state quotidiane, mentre le richieste languono.

Quali saranno i possibili quesiti ai quali la struttura dovrà fornire una risposta in anticipo:

pulizia e sanificazione dei locali al cambio di ogni ospite che vi ha soggiornato, ed è fondamentale precisare che sarà fatta una pulizia e sanificazione, come la legislazione prevede.

Dotazione dell'appartamento di dispositivi di sanificazione, con l'aggiunta di gel sanificante per le mani, prodotto che incrementa la presenza del classico sapone, fornito normalmente.

Fondamentale sarà indicare la vicinanza delle strutture sanitarie, farmacie, medici, ospedali, in caso di necessità.

Questo rafforza la sicurezza nel cliente, soprattutto in caso di affitto di abitazioni private, non organizzate al loro interno come i grossi hotel, ma preferite perché un piccolo gruppo di persone può gestirsi in autonomia e senza troppi contatti.

Nel 2020 sono state molto ricercate abitazioni singole, possibilmente con piscina privata o nelle vicinanze del mare.

Dovranno essere indicati in un book, all'interno della struttura, gli eventi ai quale il turista potrà partecipare, considerando anche quelli annullati. Questo lavoro è da programmarsi in modo anticipato e aggiornato almeno ogni 15/30 giorni, poiché la situazione pandemica porta delle variabili ancora non programmate.

Vero che esiste internet, ma solo il gestore o chi affitta è in grado di conoscere tutti gli aspetti vitali del luogo, magari facendosi supportare dall'Ente per il Turismo locale, gli uffici preposti del Comune e le Associazioni locali.

Il book dovrà avere una sezione specifica per i recapiti dei locali aperti nelle vicinanze, con numeri di posti disponibili e numeri telefonici per prenotare; molte piccole osterie, già avevano posti limitati, con le distanze imposte hanno dovuto ridurre queste possibilità e se non possiedono un'area esterna, senza prenotazione potrebbe essere difficile trovare posto, oppure non essere accettati.

Lo sappiamo tutti, bisogna partire da zero e verificare tutto ciò che circonda la nostra struttura o immobile, in modo da preparare un book accurato per il viaggiatore.

Non esiste un book comune a tutti, ognuno ha il proprio e sarà il gestore a renderlo piatto e monotono, oppure invitante. Per esempio, possiamo trovare il contatto dell'osteria, in modo semplice, oppure inserirci il logo, la foto, la sua storia, il piatto tipico, i costi, lo sconto per il cliente se abbiamo una convenzione, il bonus e molto altro ancora.

Non dovete considerare questo come una fonte di guadagno, ma come un servizio efficiente al vostro cliente, il quale saprà che siete padroni della situazione e saprete consigliarlo al meglio.

Non bisogna dimenticare d'inserire tutte quelle attività artigianali che potrebbero incuriosire il viaggiatore, verificando prima se possono essere visitate e se vendono prodotti al dettaglio.

Questo piccolo lavoro potrà fornire un grande risultato.

La concorrenza digitale

Per chi sta dall'altra parte della nostra barricata di gestori, ci sono gli acquirenti di beni o servizi, per loro stessi o per altri: figli, compagni, amici, parenti, colleghi, altri individui o aziende.

Per questi consumatori la tecnologia digitale ha stravolto le modalità dello shopping e per un viaggiatore la ricerca è diventata un'azione legata strettamente alla motivazione del viaggio: lavoro, studio, eventi, passioni o pura vacanza.

In modo sempre più frequente sono programmati e acquistati online i biglietti di viaggio, per i concerti, i musei, i pernottamenti e le attività ludiche, utilizzando strumenti come computer, tablet e smartphone. E chissà quali altri modi ci riserva il futuro, purché le visite virtuali non sostituiscano la visione di un oggetto o un affresco dal vero. Le emozioni non potranno mai essere le stesse.

Essere visibili nel mondo del web diventa il primo punto indispensabile per la struttura turistica, piccola o grande che sia: dobbiamo possedere un sito web o almeno un blog, dove mostrare chi siamo, dove ci troviamo e cosa facciamo.

La possibilità di curiosare online si diffonde sempre più. E con essa i servizi di aziende e portali pubblici che possono promuovere per voi la vostra esperienza, trattenendo una percentuale.

Il vostro scopo è creare delle emozioni indimenticabili e fare in modo che ne venga a conoscenza sempre un maggior numero di persone.

Vedremo insieme i passaggi importanti per raggiungere questo obiettivo.

Cliente fedele alle emozioni

Se il viaggiatore ripete il viaggio nel tempo e se tutto procede bene, utilizzerà quasi sempre lo stesso hotel, i ristoranti o negozi dove ha già effettuato acquisti e ha trovato i prodotti desiderati, in una sorta di fidelizzazione casuale e non richiesta del venditore; oppure, se non ha raggiunto la soddisfazione dei propri desideri, o si sente un esploratore, si dedicherà a visitare i dintorni e a scoprire dei nuovi punti di attrazione.

Chi è interessato a brevi periodi, da pochi giorni a un mese, se dotati di volontà organizzativa, utilizzeranno il web con ampiezza di casistica, per la ricerca del luogo e delle possibili attività integrative, in particolare siti come Tripadvisor, Booking, Teoma, hotels, Trivago, Expedia e moltissimi altri, sui quali la struttura turistica può inserire foto e informazioni, pagando una percentuale sugli incassi, la quale sarà detratta direttamente da queste società prima di inviarvi i profitti a voi dovuti.

Per i privati, il leader è Airbnb.it, ormai diffuso in tutto il mondo, che propone dal divano letto al castello.

Prenderemo molto a riferimento questo operatore, poiché inventore delle Experience di viaggio, ciò che interessa a noi in questo manuale.

L'agenzia viaggi sta gradualmente lasciando il posto a guide esperte capaci di organizzare un viaggio individuale su misura, con costi veramente esigui; i meno esperti si affideranno ancora a un'agenzia viaggi con le proposte di tour operator consolidati nel tempo, mentre le ricerche saranno dedicate alla possibilità di valutazione di "esperienze" e "tipicità" da vivere in loco.

Un punto è chiaro per tutti è che il turismo non è più quello di una volta e lascia sempre più spazio alla libera interpretazione, alle influenze personali esterne e aspirazioni di chi lo vive.

Il "Turismo emotivo – esperienziale" mi ha indotto a scrivere questo manuale, perché le strutture turistiche e i privati possano incrementare l'abilità nella creazione di Esperienze, senza essere professionisti del marketing, ma solo dotati di passione e volontà, aumentando così nuove proprie strategie commerciali, destinate ad ampliare le proprie possibilità lavorative e di profitto.

Per raggiungere questo obiettivo, in modo pratico e semplice, saranno analizzati tutti gli aspetti emotivi di varie tipologie esperienziali, già proposte nel mercato turistico italiano, il linguaggio utilizzato per renderle attraenti, tramite i sei sensi (non è un errore) e la percezione che il cervello mette in atto per spingere il viaggiatore all'acquisto.

Tutto questo per apprendere le strategie essenziali, pratiche e attuali, utilizzando metodi da esperti del Marketing emozionale collegato alla PNL, ovvero la Programmazione Neuro Linguistica.

Per fare tutto ciò non dovete essere esperti, ma solo dotati di logica e appassionati di quello che vi circonda, oltre a essere capaci di guardare oltre le consuetudini, poiché sarà proprio le vostre proposte diverse dagli altri che attireranno clienti da voi, anziché da altri concorrenti.

Stimolare nel viaggiatore il desiderio

Il nostro obiettivo sarà quindi quello di creare una buona campagna promozionale, con lo scopo di stimolare nel cliente viaggiatore il desiderio di acquistare il prodotto *Esperienza,* come completamento essenziale del proprio viaggio, vacanza, soggiorno o altro. Il numero delle attività che il viaggiatore vuole programmare dipende da sé stesso; la nostra strategia prevede che in una classifica di scelta, l'attrazione emotiva ponga la nostra offerta in prima posizione, poi ci siano le altre.

I fattori che inducono il cliente a scegliere un'esperienza, come fosse un prodotto, sono spesso molto simili tra loro e non si trovano sul piano razionale del ragionamento, ma su quello emotivo che spinge verso il desiderio e l'azione.

Il marketing delle emozioni sta diventando sempre più importante nel panorama turistico, ma ancora molti ne sottovalutano le potenzialità o affrontano le Esperienze in modo superficiale.

Proprio perché la vita di tutti i giorni ci obbliga, fin da bambini a pensare e agire in modo programmato e razionale siamo tutti carenti di emozioni e quando siamo in vacanza vogliamo sentirci liberi di percepirla questa libertà e portarne indietro, al ritorno a casa, un poco. Come avere una scatola di aria magica nel cassetto, quando ne abbiamo bisogno apriamo, respiriamo e sogniamo.

Perché le emozioni sono fondamentali nelle nostre decisioni?

Molti studi hanno dimostrato quando, in caso di danno cerebrale che impediva di provare emozioni, l'individuo non era più in grado di fare delle scelte, neppure le più semplici.

Vari scienziati hanno determinato che il nostro cervello elabora le informazioni attraverso due sistemi: quello veloce, emotivo, automatico e inconscio e quello lento, razionale, controllato e conscio.

Il sistema emotivo è sempre in allerta e nella maggior parte dei casi prende le decisioni, mentre quello razionale verifica e ci riflette prima di fare una scelta.

Sul processo decisionale i due sistemi lavorano insieme, ma il primo che si muove è quello emotivo. Pensate alle vostre scelte del passato, vi considerate più istintivi o razionali? Oppure rientrate nel gruppo degli indecisi e fate un passo avanti, uno indietro e spesso dopo aver fatto una scelta ve ne pentite?

Come molti altri siamo influenzabili dalle emozioni, influenti meccanismi calamite di attivazione delle nostre decisioni e ci imprimono nella memoria fatti, situazioni, prodotti e marchi.

Ecco perché il marketing emozionale è diventato sempre più importante per le aziende e gli esperti cercano di addentrarsi sempre più negli inneschi emotivi del cervello per costruire campagne pubblicitarie che attraggano e stimolino alla vendita dei loro prodotti.

In fondo lo sapete anche voi che forse l'ultimo acquisto che avete fatto non è stato del tutto logico. Può essere razionale voler comprare un'auto, ma la prescelta fra la moltitudine dipenderà dalle emozioni contrapposte alla razionalità.

Nel turismo, da pochissimi anni, differenziarsi dalla massa, ed essere scelti fra la moltitudine, significa offrire emozioni.

Se sarete bravi il viaggiatore verrà a soggiornare da voi, consumando le Esperienze che gli proporrete, oppure verrà a provarle e da questa prova voi sfrutterete il contatto, come un gancio per la vacanza successiva.

Ma in questo manuale non parleremo e insegneremo le strategie solo di strutture turistiche, ci occuperemo anche dei privati "venditori di esperienze emotive".

Cosa intendiamo per ESPERIENZE

In ambito turistico, con il termine Esperienze, comprendiamo tutte quelle attività di breve durata che il viaggiatore compie durante il soggiorno in un determinato luogo e che possono renderlo partecipe dall'interno della società locale dove esso si sta trovando.

Molti annoverano in questo settore i tour nell'area circostante, incluse le visite ad attività artigianali, i musei, le degustazioni enogastronomiche, ma le esperienze sono molto di più, sono "una conoscenza pratica del mondo, sia fisica che mentale, da far battere il cuore ed entrare nel bagaglio indelebile dei ricordi".

Il desiderio comune dei viaggiatori è comprendere meglio l'ambiente emotivo del viaggio, oltre alla parte paesaggistica e culturale.

Andiamo oltre: per noi l'Esperienza sarà la sostanza del viaggio e l'argomento di contatto e comunicazione con il cliente, dandogli un motivo fondamentale, una volta tornato a casa, per ripetersi "ci tornerò ancora", parlandone ad altri. Si sa che il passaparola è la miglior forma di pubblicità. Un valore aggiunto della struttura, una fidelizzazione emotiva, irripetibile in altro luogo e modo perché personale. Per giungere a questo dobbiamo entrare nella mente dei clienti, con approccio più ampio possibile in quanto ogni individuo è dotato di una propria cultura e vissuto nei viaggi passati, età, intraprendenza fisica ed emotiva di diversa tipologia.

Per ogni viaggio, prima della partenza, ci trasformiamo sempre in esperti ricercatori di rarità gastronomiche, angoli romantici, attività curiose, sport estremi, natura incontaminata e trattamenti salutari per tornare indietro negli anni, a ciò che facevano i nonni e i popoli precedenti, estraendo un distillato emotivo da diffondere con sapienza. Tutto ciò, creato appositamente per invogliare i più intrepidi e volenterosi a partecipare ad attività non possibili e immaginabili a casa propria.

E se il viaggio è organizzato proprio dalla struttura, oppure dal gestore che ci ospiterà, sarà la prima a essere apprezzata e pubblicizzata per queste proposte.

Questo è il nuovo turismo esperienziale, in crescita costante, come lo è il marketing emozionale, pronto a promuovere un prodotto o attività sfruttando il lato emotivo dei clienti. In questo libro parleremo di strategie neuro-emotive, utilizzando i punti cardine della Programmazione Neuro-linguistica, la quale consente di capire come il nostro cervello reagisce al linguaggio e alle stimolazioni viscerali, per comprendere meglio ciò che induce la mente a scegliere un prodotto anziché un altro. Il nostro fine è quello di potenziare una struttura turistica nel creare e proporre le attività esperienziali vincenti per differenziarsi nel mercato e attrarre maggior numero di clienti.

I livelli delle esperienze

Un'Esperienza, come abbiamo specificato, è un'attività provata direttamente dal cliente, non una visita a un luogo, non una degustazione di un piatto tipico, ma cucinare la pietanza direttamente con le proprie mani, magari in compagnia e a casa di una persona anziana del luogo la quale, mentre prepara le pietanze con voi, vi racconta le storie curiose e divertenti del passato.

I livelli delle Esperienze possono essere vari e ovviamente con impegni diversi tra di loro, poiché in molti casi gli aspetti igiene, sicurezza e assicurazioni sono obbligatori per poter fare entrare nell'attività il turista, anche solo per un giorno. A volte non basta, poiché ognuno di questi dettagli può incrementare il prezzo dell'attività stessa.

Per citare un esempio pratico, ho visitato delle aziende vinicole interessate a permettere ai viaggiatori di comprendere meglio le attività della potatura e della vendemmia, attività interessante economicamente perché il turista è disposto persino a pagare giornalmente per lavorare! Alcune aziende si sono dovute fermare nel portare avanti questa idea perché la normativa italiana obbliga all'assunzione della persona, anche se presente al lavoro un solo giorno, quindi un costo aggiuntivo e una lunga tempistica per la gestione della pratica, ovvero impossibile da attuare.

Altre aziende hanno superato questo problema cambiando il punto di vista e creando un'associazione no-profit che può legalmente proporre attività come aspetto culturale, dotandole di aspetti storici e tradizionali locali.

Ovviamente dotandosi di un'assicurazione giornaliera per gli imprevisti. L'attività viene compensata con una donazione all'associazione stessa.

Non dobbiamo pensare che l'associazione no-profit sia il modo per scavalcare la normativa e attivare profitti, è solo la possibilità di ampliare le attività e attrarre i turisti golosi di pratiche manuali, anche se faticose. Di fatto la no-profit può promuovere queste attività ricevendo donazioni, che serviranno per ampliare altri progetti, pagando l'azienda per i servizi ricevuti, quali l'ospitalità, i prodotti di assaggio, il supporto nella spiegazione delle tecniche. Vi sono molte possibilità d'interazione.

Anni fa ero curiosa di come si fosse potuto fare per adottare delle viti. Molti sembravano intralciarsi nel lato normativo contrattuale dell'azienda. Poi un caro amico inglese mi accompagnò in una tenuta vinicola, distante circa un paio d'ore da Londra, dove avevano sviluppato un ottimo progetto.

Sono passati anni e funziona sempre, ma in Italia certi adeguamenti e strategie restano di difficile applicazione.

Di fatto quell'azienda aveva creato un'associazione culturale sul tema agricoltura, vino e coltivazione, sottoscrivendo un contratto tra le due. Era stata creata una mappa con tutte le viti numerate.

L'interessato donatore diventava un socio dell'associazione, seguendo con loro la parte culturale, versava l'importo di adozione annuale, il quale corrispondeva a un numero di viti e bottiglie, ricevendo il certificato di adozione e il numero delle viti spettanti segnate nella mappa.

Aveva poi la facoltà di recarsi a visitare il vigneto e di frequentare i corsi dell'associazione, riguardanti la potatura, la raccolta e la vinificazione.

Di fatto l'azienda, in questo modo, aveva già venduto i suoi vini e coperto le spese di gestione in una collaborazione di scambio tra servizi e donazioni.

In questi giorni ho visto un'azienda di ciliegie di Vignola, pregiata qualità, dove adottando un albero si hanno 10 kg di ciliegie in dono. Di fatto è un acquisto come se le prendessimo dal fruttivendolo, ma il produttore evita i passaggi intermedi e ottiene il triplo del prezzo.

Non è un gran guadagno, ma sul profilo emozionale è diverso: puoi andare a vedere la fioritura in azienda e sapere che hai fatto qualcosa di utile.

Queste modalità in Italia non sono praticate ma possibili e non solo per le viti o i ciliegi, anche animali da allevamento.

Devo però suggerire cautela in questo perché ricordo di un caso, finito in tribunale, dove un'azienda proponeva l'adozione di piccoli porcellini, avendo avuto cura di farli vedere addirittura crescere, grazie a delle telecamere. Il contratto tra azienda e clienti non era stato stilato nel modo adeguato e successe che un bimbo, affezionato al piccolo porcellino adottato per lui, un giorno collegandosi al sito si trovò di fronte la pagina dei prodotti derivati dalla sua macellazione: salsicce e salami. Potete immaginare lo sconforto del bambino!

Quindi, Esperienza sì ma dolore mai!

Bell'idea la telecamera che rimanda l'immagine della vigna, dell'oliveto, dell'agrumeto, oppure di qualcosa che resterà nel tempo. Assolutamente vietato la vista di animali che crescono in allevamento e destinati al macello.

Quindi il livello di un'Esperienza può coinvolgere molti fattori emozionali, come in questo caso.

Emozioni trainanti

Siamo quindi certi che l'Esperienza emotiva sarà sempre più il motore trainante in un viaggio turistico, sia questo possa trattarsi di un ritiro in un eremo dove non si può parlare o comunicare in modo alcuno, oppure in un resort con mille attrazioni e passatempi.

Possiamo quindi determinare la...

Regola n. 1: *L'Esperienza è definitivamente qualcosa di diverso dalle solite attività che siamo abituati a svolgere nella nostra vita consueta ed è migliore se si attua in luogo diverso da quello nel quale viviamo.*

Con le tecniche di marketing, sempre più intriganti e sofisticate, supportate da scienza e tecnologia, intente a carpire le nostre emozioni, possiamo oggi divenire più abili nella promozione di un prodotto che sia in grado di rispondere ai desideri interiori del viaggiatore.

Se poi ci spingiamo oltre, basandosi sulle tecniche di Programmazione Neuro Linguistica, come faremo, approfondendo l'influenza del linguaggio sulla nostra mente, le potenzialità aumentano in modo esponenziale.

Il settore turistico è un commercio che vanta milioni di viaggiatori e strutture ricettive, dalle più semplici come gli affittacamere, a quelle stellate e ricercate del lusso internazionale, in un'offerta così ampia e variegata dove emergere non è certo cosa facile, soprattutto oggi in un mercato che pare considerare il prezzo di vendita come valore principale di scelta.

Restando su questo piano il rischio di soccombere è certo.

In pochi anni, con l'aumento delle stanze e appartamenti affittati da privati, i prezzi si sono ridotti di molto, scendendo quasi al ridicolo. Ne restano esclusi solo gli immobili di lusso, perché più rari. A questi però si contrappongono gli hotel con il loro confort e gli affitti di ville.

Il viaggiatore non è, e non vuole più tornare a esserlo, un elemento succube di un'organizzazione quadrata e colma di luoghi comuni e consuetudini, ma un attivo e selettivo pianificatore a tutto tondo del proprio tempo libero.

Cosa induce quindi il cervello a selezionare un luogo o una struttura anziché un'altra? Quale immagine oltrepasserà la prima barriera e arriverà a quel livello inconscio capace di vagliare e scegliere una proposta fra tante similari? Fra tanti spot, tutti egualmente ben pensati e realizzati, quale potrà avere più successo nell'attrarre una moltitudine di consumatori? O perlomeno quali sono le chiavi per renderlo maggiormente interessante?

Possiamo con certezza partire da una singola parola: "Emozione".

Turismo esperienziale

Siamo tutti in accordo nel sostenere che il vecchio concetto di turismo, incentrato sui luoghi da visitare è cambiato. Il "turista", così definito in modo generico, si è trasformato in un cacciatore di emozioni memorabili da sperimentare, tali possibilmente da superare le sue aspettative e coinvolgerlo a livello profondo, anticipando e mettendo in luce i suoi desideri inconsci, con la determinazione di rendere il suo viaggio unico e personalizzato per le sue esigenze e passioni.

A questo consumatore vanno esposte tutte le opportunità presenti nella destinazione da lui scelta, e per quanto più possibile uniche e rare.

I tour operator hanno cercato di aumentare la proposta di viaggi personalizzati, facendo leva sulle attività individuali suddivise per settori: cultura, sport, natura, arte, food, ecc., con cataloghi studiati per illustrarvi meglio tutte le possibilità. Esamineremo insieme le maggiori richieste della clientela e le motiveremo per fornirvi degli strumenti a voi utili.

Il nostro turista esploratore di luoghi ed emozioni è un tipo "CPU", come la memoria di un computer: scopre, analizza e conserva, aggiunge emozioni e le paragona con quelle già vissute, inserendole nella propria rete mentale, per il proprio gusto e soddisfazione, rendendo partecipi gli altri, ma senza svelare in anticipo le motivazioni interiori che lo hanno portato a quella scelta.

Probabilmente non si renderà mai conto delle sue motivazioni inconsce, anche se cercherà di ripetere e amplificare quello stato di benessere, poiché ogni

Esperienza vissuta lascerà nella sua mente un solco emotivo sempre più profondo.

L'Esperienza diventa memorabile se associa la parte mentale a quella fisica; la sensazione piacevole tocca i sentimenti e se persiste a lungo si mantiene nel tempo. Con il ripetersi dell'emotività si forma un legame tra la struttura turistica, la quale ha costruito e guidato l'emozione, rendendola al contempo affidabile e referenziata in base al valore che ha permesso di ottenere. Se una struttura vi ha offerto una guida capace nel farvi raggiungere gli obiettivi della vostra vacanza, sarete predisposti a tornare e richiedere la stessa persona, per continuare il viaggio già intrapreso. Per questo è fondamentale un'analisi anticipata delle persone che accolgono, accompagnano e informano il cliente. La loro immagine ed entusiasmo sarà identificata con la struttura stessa.

Questa non è una novità ma ancora troviamo in giro persone che non dovrebbero avere rapporti con il pubblico, anzi ne dovrebbero stare lontani.

La prima qualità nel personale deve essere abili nel *problem solving*. Il cliente paga per non avere problemi e questo vale anche per le abitazioni o stanze in affitto. Un buon gestore possiede un book dove il cliente trova tutti i recapiti telefonici necessari e le indicazioni per rendere migliore il proprio soggiorno, soprattutto se incorrono problematiche. Tipo i numeri utili per i servizi di elettricità, idraulica, riscaldamento e condizionamento, servizi per i quali avrete stipulato convenzioni che prevedono interventi di urgenza in tempi limitati.

Mi fu consigliato il sito di AIRBNB da un'amica inglese molto sprint e devo dire che le recensioni sono sempre veritiere. Dovendomi recare spesso a Londra, ho riscontrato un grande beneficio sui costi e sul comfort, ma ho anche capito quanto in Italia la formazione dei gestori privati sia lasciata al caso e alla buona volontà individuale. A Londra Airbnb organizza dei corsi gratuiti per i gestori privati, su come accogliere gli ospiti. Ne risulta quindi un livello quasi uniforme di ospitalità, dove non ci si limita a lasciare le chiavi di casa, ma a illustrare i dintorni dell'abitazione e tutto quello che puoi fare. Per supportarli al meglio li aiutano a creare un book per l'ospite con tutte le possibilità dei locali, supermercati e attività che può trovare nei dintorni.

Diciamo che noi lavoreremo alla creazione del vostro book emozionale e alla fine del libro troverete tutti gli schemi utili.

Vi consiglio però di non correre subito alla fine, perché leggere tutto vi aiuterà molto nel redigere il book. Una volta fatto abbiate cura di aggiornarlo periodicamente.

Risulta quindi fondamentale individuare i punti emotivi che valorizzeranno al meglio la testimonianza che sarà vissuta dal viaggiatore e che sarà facilmente catturata dalla sua memoria, agendo da energia rigeneratrice di lunga durata. Questa sarà usata come stimolo di riserva per quando il viaggio sarà finito e rientrerà nella quotidianità: lavoro, famiglia, consuetudini, problemi di tutti i giorni.

Il turismo ha colto così l'opportunità di assumere un volto nuovo per un mercato sempre più innovativo e competitivo.

Così gli esperti hanno messo da parte le leggi del marketing tradizionale per comprendere e ascoltare le esigenze del turista, di qualsiasi livello di esigenza, diventare creativi e differenziarsi nel settore.

La chiave futura sembra essere la "non convenzionalità", le attività "tradizionali vissute" appartenenti al luogo, i "valori aggiunti" e le "rarità" possibili. Questo ha dato l'avvio a un sodalizio con le piccole aziende di produzione prodotti tipici, artigiani pronti a trasformarsi in insegnanti, casalinghe disponibili ad aprire le porte della propria cucina e confidare segreti culinari delle passate generazioni.

State pur certi che nessun libro, seppur preciso e accurato, trasmetterà mai quelle emozioni vere che solo mani sapienti, meglio se semplici e arse dal lavoro di casalinga, potranno fare con il semplice atto dell'impastare e stendere la sfoglia. Permettendo a estranei curiosi e imbranati di sporcarsi le proprie mani, infarinarsi e assaggiare strada facendo, soprattutto per i bambini, porteranno al culmine l'esperienza con il gustare il frutto del proprio lavoro nell'intimità domestica, come un membro della famiglia e sorseggiando un bicchiere di vino del luogo.

E in questo punto sarebbe importante l'uso almeno della lingua inglese, almeno base.

Come vedremo in dettaglio, le Esperienze sono pianificate per età, grandi e piccini, poiché fra i clienti più importanti annoveriamo le famiglie. Ma la soddisfazione generale del viaggio è fondamentale nella valutazione soprattutto quando includono i piccoli. Se un bambino si annoia, non si diverte e ossessiona i genitori durante la vacanza, questi la volta successiva opteranno per un'altra scelta.

Pertanto il primo quesito per una struttura turistica, pronta a creare nuove strategie, è un'analisi del suo passato: del tipo di ospiti, delle loro potenzialità economiche e le caratteristiche proprie della struttura stessa, considerando che la maggioranza dei viaggiatori si avvicina al livello medio di vita, perfino se desidera vivere, anche solo per pochi giorni, un livello superiore alla propria quotidianità. Questo lo dimostra il crescere dei motori di ricerca pronti a offrire strutture di lusso a prezzi low cost. E qui la fa da padrone il last minute e il last second, con prezzi strabilianti a vantaggio dei non ansiosi del "ho tutto già programmato". Certo i voli a 20€. potrebbero decollare alle cinque del mattino, la camera della nave da crociera potrebbe trovarsi vicino ai motori, la stanza nel castello avere la vista sulle stalle, ma il risultato potrebbe essere sempre conveniente. In questo segmento non sono però incluse le famiglie, le quali hanno di solito tempi dettati dalla scuola o programmati dal lavoro, sono previsti solo intrepidi viaggiatori alla scoperta del mondo, che sanno afferrare le occasioni al momento giusto.

A questo proposito ricordo da ragazzina che nel periodo della prima guerra del golfo, intorno al 1990, i voli aerei che sorvolavano quelle zone erano molto pochi e riuscii ad acchiappare un'offerta strepitosa a un prezzo ridotto a un terzo per un'isola delle Maldive. Siccome ero sola, trovai una ragazza che divise la struttura con me. Dopo due giorni ero sull'aereo. Molti presenti al villaggio avevano prenotato in anticipo e pagato il prezzo pieno. Doppio gusto per noi due.

Create un'occasione, qualcuno l'afferrerà!

Le Esperienze non sono ancora entrate nel mondo low cost, anche se la concorrenza fra attività simili sta aumentando e la maggioranza è di breve durata e a prezzi contenuti. Il costo dei soggiorni invece sta progressivamente diminuendo, soprattutto nelle città più richieste, grazie al continuo aumento di privati disponibili ad affittare camere o appartamenti, più pratici e convenienti degli hotels.

Prima di addentrarci nei dettagli di numerose proposte esperienziali, abbiamo la necessità di comprendere come funziona il nostro cervello emotivo e quali sono le caratteristiche ritenute più attraenti e perché, altrimenti sarebbe come vedere una bella macchina ma non comprenderne le potenzialità, poiché il business turistico

41

delle Esperienze, avviato nel 2016, è cresciuto di ben 25 volte più velocemente degli affitti turistici solo nel primo anno e l'Italia è la prima nazione in Europa e la seconda a livello mondiale dove il turista desidera recarsi per provare emozioni.

Riassumendo qual è il fine del turismo esperienziale?

Regola n. 2: *Trasformarci, anche se per poco tempo in coloro che vorremmo essere in quel momento.*

In sostanza: usare un'attività che va oltre i soliti corsi o tour, come mezzo per vivere a contatto con le persone del luogo, custodi di segreti e professionalità locali, di provare con loro e con le proprie mani come creare un oggetto, cucinare, gustare, scoprire, esplorare, vivere momenti unici e condividere passioni comuni in luoghi diversi.

Un po' come quando creiamo un avatar per un gioco, solo che nella realtà gli avvenimenti si vivono sulla propria pelle e l'effetto ne risulta amplificato e indimenticabile.

Nessuno ricorda tutte le sere che è uscito per andare a cena al ristorante o per mangiare una pizza, ma chi ha partecipato a un corso di cucina in vacanza, in compagnia di una nonna che ti racconta i segreti del piatto non si dimentica.

In grandi linee risulta comprensibile per tutti, altra cosa è invece creare la propria strategia sensoriale. Per fare ciò dobbiamo addentrarci nei meccanismi di percezione mentale riguardo all'ambiente esterno e agli accadimenti circostanti.

Stimolare i neuroni emotivi

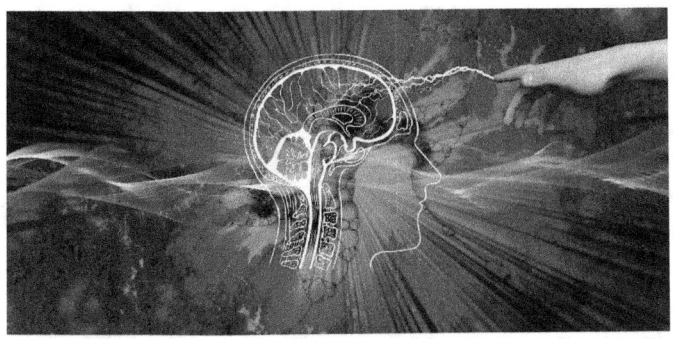

Il nostro cervello, macchina meravigliosa ancora pronta a sorprenderci, mette in atto a livello inconscio degli addetti specializzati per funzioni, che chiameremo in modo simpatico Selezionatori e Cestinatori.
Immaginatevi un gruppo di operai professionisti sempre attivi e intenti a passare in rassegna le immagini, i suoni, le parole, gli odori e tutte le sensazioni corporali con le quali veniamo a contatto. Un lavoro enorme. E non fanno pause! Certo la stanchezza può influire molto, ma lo stimolo perso a livello conscio è subito ripescato dall'inconscio. Come un pesce finito in una rete a maglie di diversa misura: se scappa ai fori più larghi, alla fine sarà catturato da quelli più piccoli.
Teniamo in considerazione solo gli addetti cattura emozioni.
Di che tipo possono essere le emozioni e come sono riconosciute per suddividerle e catalogarle?
Quali sono le particolari emozioni utilizzate nelle esperienze turistiche e quali sono gli strumenti per

valutarne la loro reale potenzialità? Come può utilizzarle il marketing esperienziale?

Regola n. 3: *Un'emozione è un'eccitazione psicologica associata a un'ampia varietà di sentimenti, pensieri e comportamenti interni (fisici) o esterni (sociali), un processo cognitivo provocato da un insieme di stimoli con risposte personali per ogni individuo.*

Il picco emotivo è limitato nel tempo, anche se intenso, permette al cervello di etichettare i sentimenti capaci di provocare nel nostro organismo una reazione fisiologica, quale per esempio l'accelerazione del battito cardiaco, la sudorazione improvvisa, il cambiamento del ritmo respiratorio e la tensione muscolare.

Esempi di esperienze proposte con alta carica adrenalinica:

Pilotare un aereo del passato come quello del Barone Rosso o buttarsi nel parapendio, con istruttore, altrimenti sarebbe suicidio, fare rafting nelle rapide.

Trasformarsi in artista mangiafuoco o camminare sui carboni ardenti.

Muoversi in area in assenza di gravità in un museo della scienza con i propri figli.

Ricevere o fare una proposta di matrimonio particolare.

Pilotare una formula 1 in un circuito automobilistico.

Intendiamo quel tipo di attività che non includono la possibilità di dire: "fermatevi, voglio scendere". Basta cercare sul web e le stranezze non mancheranno.

Non necessariamente però i viaggiatori sono alla ricerca dell'adrenalina da cardiopalma, potrebbe essere sufficiente qualcosa di più culturale, informativo e rilassante, utile per uscire dai soliti schemi ma non per questo meno entusiasmante.

Esempi di esperienze proposte, stimolanti ma non stressanti:

Dormire in una camera con le pareti di vetro dentro un acquario o in un museo come nel film.

Cenare da soli e godersi il panorama sulla terrazza di una torre medievale.

Creare un vaso di terracotta con le proprie mani.

Partecipare a una cena con delitto con attori in incognito.

Imparare come prendersi cura di un animale ferito.

Uscire all'alba a cercare tartufi in compagnia dell'esperto e un divertente cane Lagotto.

Per i nostri addetti selezionatori del nostro cervello comprendere le emozioni è complesso quanto decidere in quale scheda mentale e compartimento raccoglierle.

Ho sempre in mente un cartoon del maldestro Paperino, e chi non lo conosce, mentre cercava d'imparare a giocare a biliardo e per prima cosa doveva mettere in ordine i cassetti del suo cervello, prima di apprendere le strategie.

Sarà lo stesso per voi, spero solo che i vostri cassetti non siano disordinati come i suoi!

Strada facendo vedremo negli esempi come ogni Esperienza può racchiudere più tipologie di stimoli e quali sono compatibili tra loro perché siano strategici nella proposta.

Categorie di emozioni

Alcuni psicologi tentano di suddividere le emozioni in categorie, anche se non saranno mai divisioni nette tra loro:

Emozioni estetiche: quanto piuttosto alla valutazione dell'aspetto non sono correlate agli obiettivi degli individui o ai loro bisogni fisiologici quanto piuttosto alla valutazione dell'aspetto esteriore. Ne troviamo esempio di fronte alla bellezza del paesaggio, alle opere d'arte, alla musica, al teatro o eventi storico-culturali con campagne promozionali visive e sonore.

Esempio Esperienze: escursione in barca ammirando grotte e fondali marini, o semplicemente osservando coralli e pesci multicolori dal fondo trasparente – trekking fotografico – visita a un parco naturale – soggiorno in dimora storica – mostra di arte e fotografia.

Emozioni utilitaristiche: vissute in modo frequente come la rabbia, la gioia e la vergogna, utilizzate per adattarsi a eventi che potrebbero causare conseguenze importanti. Si verificano quando gli obiettivi degli individui sono orientati verso il proprio benessere, con emozioni intense legate anche all'orgoglio e un elevato grado di gioia raggiunta per aver raggiunto un obiettivo o dopo un periodo di particolare stress lavorativo. Dopo aver attraversato un periodo psicologico del genere l'individuo ha bisogno di recuperare le forze interiori e calmare lo stato d'animo interno. Difficilmente sceglierà un'attività adrenalinica ma sarà maggiormente portato a farsi coccolare.

Esempio Esperienze: fuga in uno stabilimento termale con massaggi e trattamenti estetici – corso di yoga all'aperto con paesaggio idoneo alla mente – guidare l'auto dei sogni.

Emozioni di base: essenziali per l'adattamento agli eventi come la tristezza e la gioia, comunemente provate ma a un livello non eclatante.

Esempio esperienze: un corso di cucina tradizionale – creare oggetti artigianali.

Emozioni positive o negative: quando gli individui raggiungono i loro obiettivi, provano un'emozione positiva come ad esempio la soddisfazione, oppure non averli raggiunti generando, all'opposto, malessere e insicurezza. Sono tra le più importanti per il loro estremo carico emotivo e giocano un ruolo importante nel marketing emozionale, con ampiezza di possibilità, permettendo alle persone di trasformarsi in base a ciò che stanno provando. Diventando più creative e socievoli in caso di emozioni positive oppure più insicure e malinconiche in caso di emozioni negative.

Esempio esperienze: realizzazione di opere d'arte, gioielli e tutte le attività artigianali che portano a un fatto compiuto, dalla creazione mentale alla sua realizzazione.

Modalità sensoriali

Durante tutta la vita il cervello seleziona e accumula informazioni, le cataloga e le collega fra di loro, incrementando continuamente i dati e formando una rete di intrecci e schemi infiniti, propri di ogni individuo. Questi schemi rimangono spesso inconsci ma i loro dettagli tendono a riaffiorare ogni qualvolta una sensazione emotiva si inserisce nella rete; ogni nuovo elemento arricchirà o modificherà le nozioni in base ai ricordi di esperienze già vissute.

Attraverso la Programmazione Neuro-linguistica esploreremo le modalità sensoriali capaci di decodificare, organizzare e immagazzinare il nostro mondo, costruendo la nostra mappa individuale e sfruttando i principi generali validi per raggiungere gli obiettivi che desideriamo.

Regola n. 4: *"Le modalità sensoriali sono legate ai nostri 6 sensi".*

Non è un errore, come ho già scritto, possediamo cinque sensi convenzionali conosciuti come la vista apportatrice di immagini, fisse come le foto o in movimento come i filmati; l'udito ricettore di suoni, rumori, musica, voci e toni; il tatto comunicatore di sensazioni e messaggi attraverso i sensori della pelle, la consistenza degli oggetti come le loro caratteristiche di morbido, duro, liquido, liscio, ruvido, ecc.; l'olfatto che completa il mondo sensoriale con i profumi e odori dalle molte sfumature; il gusto educatore di una miriade di sapori e loro sottili sfumature, inclusi la percezione della sapidità, del dolce, dell'acidulo e del piccante.

A queste nostre cinque conosciute e specializzate capacità ne aggiungiamo una sesta: la modalità cinestesica, ovvero relativa alle sensazioni interiori. Per così dire una sommatoria degli altri sensi, non un semplice dato da archiviare, una scarica di energia a frequenza molto bassa con un coinvolgimento globale.

Ognuno di noi ha sviluppato una modalità sensoriale primaria o preferita fin dalla nascita, attraverso la quale si attivano con maggiore facilità le immagini mentali, collegandole o ripescandole dai propri schemi. Ma tutte le modalità sono sempre usate contemporaneamente, quindi sarà utile promuovere l'Esperienza da proporre pensando alla modalità principale, collegandola con le altre o le maggiori possibili, giacché non dobbiamo basarci e inserire una sola modalità, risulterebbe troppo carente.

La comunicazione integrerà un linguaggio appropriato se la promozione è visiva, quindi dotata di immagini o filmati, oppure uditiva per programmi radiofonici. Una foto di un prodotto alimentare non deve essere solo bella ma... gustosa.

Dall'immagine si trasmetteranno le sensazioni al cervello per abbinarle a ricordi di un gusto già provato. E se avessimo inventato un gusto nuovo? Allora dovremo richiamare i migliori sapori di prodotti similari dicendo che il nostro è migliore di quelli, attirando curiosità.

Un profumo non può essere promosso con il prodotto ma con la sensazione per il quale questo prodotto è stato creato: avventura, sensualità, eleganza, ecc. Non a caso nelle immagini pubblicitarie sono abbinati oggetti e individui idonei allo scopo.

Avete mai visto la pubblicità di un profumo presentata da un individuo gracilino, balbuziente e con l'apparecchio ai denti? Poco rispetto? No solo puro e freddo commercio.

Cogliere la modalità che una persona sta utilizzando in un dialogo è più semplice del promuovere un prodotto emozionale, basta fare caso agli aggettivi e ai verbi. La promozione di un'esperienza è una comunicazione a senso unico, dal creatore al cliente, dove il feedback può essere riscontrato nel tempo e se il messaggio non è stato inviato correttamente i viaggiatori non ne saranno attratti e sarebbe di conseguenza una grossa perdita economica.

Qual è la chiave di volta? Quale parte del messaggio è destinata per essere selezionata nella nostra mente, superare il resto e fare in modo che il consumatore sia attratto e in seguito ripeta l'acquisto? Come costruire un'idea duratura fra una moltitudine di altre idee, senza che sia cestinata, ma superi il livello base di attenzione?

Nella pubblicità troppi prodotti simulano, non possiedono energia interiore e non avviano neppure la corsa contro la concorrenza. I metodi di promozione tradizionali non funzionano più, un po' come se l'acquirente fosse stato sottoposto a una serie di vaccini e sia immune alle solite immagini, filmati e proposte.

In questo manuale faremo emergere i risultati di ricerche sui moderni studi di marketing e di Programmazione Neuro Linguistica, per fornire le risposte del perché i consumatori siano attratti verso qualcosa di specifico, quali sono i meccanismi inconsci per contribuire a migliorare la promozione della vostra proposta, fino a farla diventare non solo insostituibile ma qualcosa di più.

Per proseguire nella strategia dobbiamo scoprire cosa succede dentro il cervello, quali leve si attivano all'ingresso delle informazioni che portano alla scelta; questo ci porta a comprendere meglio come trasmettere le emozioni e farle mantenerle nel tempo.

Ci stiamo avventurando per un breve tratto in un percorso misto tra scienza e tecnologia, per identificare i pensieri subconsci, le emozioni, i desideri che muovono le nostre azioni e decisioni, poiché questo meccanismo è applicato all'acquisto di un prodotto come a una scelta di vita. Per azionare la leva del motore trainante non serve scansionare il cervello, anche se in passato molti lo hanno fatto, sostenendo che un simile esame potesse avere lo scopo di soggiogare la mente e usarla per profitti commerciali.

Il Neuromarketing ha sostituito gradatamente il Marketing tradizionale, anche se molte domande non hanno ancora una risposta, a causa delle ancora limitate conoscenze sui meccanismi del cervello, ai quali si dedicano con impegno ricercatori di tutto il globo.

Per il nostro obiettivo: creare Esperienze entusiasmati, grazie all'influenza delle emozioni, ciò che sappiamo è sufficiente.

La modalità visiva e i colori

Negli esseri umani lo stimolo visivo è il senso predominante e spesso annulla tutti gli altri, ha il potere di persuadere le persone contro ogni logica. Per questo la vista è il fattore principale su cui si basa la pubblicità emotiva: paesaggi e strutture attraenti, colori brillanti e ben definiti, catturano e affascinano i viaggiatori, stimolando una reazione positiva.

La strategia emozionale basata su questa modalità deve considerare l'effetto che le immagini e i loro colori avranno sull'immaginario collettivo, dato che essi dovranno trasmettere informazioni cruciali ai viaggiatori e una comprensione più accurata della proposta.

Le sotto modalità visive sono: colore, forma, luce, movimento, tridimensionalità, nitidezza e ogni altra caratteristica dell'immagine o della sequenza in movimento.

Nella percezione visiva, il cervello legge i colori dopo la forma e prima del contenuto. I colori hanno anche dimensioni mentali e culturali, con significato diverso secondo la formazione, la civiltà e gli individui, essendo esperienze soggettive in quanto associate ad avvenimenti già vissuti. Il più delle volte queste associazioni possono essere fatte con la natura e l'ambiente, ma sono anche comunemente con la personalità e i tratti caratteristici.

A forza di averli sott'occhio, si finisce col non vederli più. Insomma, non li si prende sul serio.

Errore! I colori sono fondamentali per noi, in ogni attimo, anche nei nostri sogni.

Colori con diverse tonalità generano sensazioni fisiche differenti come il rosso che stimola l'occhio e attrae l'attenzione, il blu rilassa abbassa la pressione sanguigna, il battito cardiaco e la respirazione. Queste conseguenze della luce veicolano dei codici, dei tabù, dei pregiudizi cui obbediamo senza saperlo, possiedono significati reconditi che influenzano profondamente il nostro ambiente, i comportamenti, il linguaggio e l'immaginario personale e collettivo.

I colori non sono immutabili, sono dei formidabili rivelatori dell'evoluzione della nostra mentalità, hanno una lunga storia e hanno lasciato tracce perfino nel nostro vocabolario: non per caso vediamo nero, siamo al verde, diventiamo bianchi come un lenzuolo, rossi di rabbia, abbiamo una fifa blu...

Nel corso dei secoli la religione li ha posti sotto il suo controllo, influenzandone l'uso, così come ha fatto con l'amore e con la vita privata. Non a caso in amore le rose e i cuori sono rossi.

Ancora oggi ci portiamo dietro questo retaggio culturale, influenzando l'arte, la pittura, l'architettura, la pubblicità e i prodotti di consumo, come gli indumenti, le auto, l'arredamento, gli oggetti personali e non.

Nelle pratiche di lavoro dove sono utilizzate strategie di negoziazione fra soggetti appartenenti a diverse nazioni, persino il colore dell'abito indossato può essere influente. I cinesi odiano il verde e per loro il colore del lutto è il bianco; in molti popoli il viola non è proprio amato.

Tutto è retto da un codice non scritto di cui i colori detengono il segreto, in un labirinto simbolico.

Non è facile districarsi e i colori non si lasciano facilmente imprigionare in categorie. Quanti sono, del resto? I bambini ne nominano spontaneamente tre, Aristotele ne contava quattro, e per uno "scherzo" di Newton, si è decretato che ce ne fossero sette ufficiali. Per Michel Pastoureau, uno dei maggiori studiosi contemporanei, ne esistono sei, con un secondo livello: i comprimari come viola, rosa, arancio, marrone, e il grigio. Cinque mezze tinte, che portano nomi di frutti, di fiori. Seguono l'interminabile elenco delle sfumature: lilla, magenta, sabbia, avorio...

Pensare a colori per vedere il mondo in modo diverso e per rivelarci i nostri gusti, le nostre avversioni, i nostri desideri, le nostre paure, i nostri pensieri reconditi, ci dice cose essenziali sul mondo e su noi stessi.

Nella presentazione di una Esperienza turistica il ruolo del colore scelto non è da sottovalutare, questo è identificabile con l'emozione e tra due offerte similari viene scelta l'immagine più accattivante.

Addentriamoci in un riepilogo generale dei colori associati alle personalità e al soggetto da promuovere:

Blu, tonalità azzurre brillanti e acquamarina = rispetto, autorità, pace, relax, sogno, lontananza, fedeltà (colore base preferito dalla popolazione occidentale, adatto all'aria e acqua pulita, dove il cielo e il mare sono protagonisti).

Esempio Esperienze: una mongolfiera, un aereo, un elicottero, un aliante, un parapendio, un deltaplano, volare leggeri in un cielo azzurro limpido; un fondale marino con acque cristalline e onde blu che lambiscono una spiaggia; tutte le a attività sportive in questi ambienti naturali purché l'attrezzatura sportiva sia dipinta con colori sgargianti ed energetici.

Attività collegate allo spazio come osservazione degli orizzonti lontani, delle stelle e luna.

Verde nelle diverse tonalità = rilassamento, purezza, (colore base per gli ambienti puliti).

Esempio Esperienze: canoa in laghi di montagna, passeggiate o orienting in aree protette, parchi avventura e giochi nel verde, corsi di Ikebana o raccolta di erbe medicinali.

Giallo-ocra-arancio = attrazione, calore, vitalità, (colore solare che rende le persone più ottimiste, estroverse e spontanee. Un tempo nella simbologia cristiana rappresentava il peccato di gola, nell'induismo ancora oggi simboleggia la rinuncia ai beni materiali e dell'ascetismo, nella Cabala ebraica significa splendore. In alcune religioni come nel Buddismo simboleggia la rinuncia ai piaceri principeschi e per questo è indossato dai monaci buddisti. In Cina è associato al cambiamento, al movimento e alla felicità. In Giappone simboleggia l'amore. In India è associato all'ottimismo, all'istinto combattivo, alla pulsione sessuale, alla passione e al bisogno di conquista).

Esempio Esperienze: corsi di cucina vegetariana ed etnica, cibi con zafferano e arance, visite a mercati, spezie, eventi Halloween o per bambini, ideale per corsi di ceramica o pittura anche per bambini, attività che portano all'allegria e all'incoraggiamento e spontaneità.

Rosa= femminilità, forza e virilità nel ciclismo, infanzia, fascino e raffinatezza. Attenzione in Giappone simboleggia l'odio (colore adatto ai giochi da piccoli per la tenerezza o morbidezza, porta alla calma e riduce lo stress).

Esempio Esperienze: corsi di pittura, fotografia al tramonto, pasticceria e dolci, spiagge rosa nel mondo, lavori con tessuti.

Rosso acceso= eccitazione, aggressività, passione, calore, forza, fuoco (colore molto energetico, proprio dell'avventura anche rischiosa, in abbinamento con colori tenui o freddi).

Esempio Esperienze: windsurf o surf, avventure o eventi al tramonto, attività con il fuoco, qooder sulle dune, corse in auto o scalate.

Rosso rubino, porpora e granato= passione intensa, seduzione, lussuria, peccato, gusto, nobiltà. In Cina è un colore portafortuna associato alla ricchezza (colore intenso di energia associabile al vino pregiato e agli ambienti nobili).

Esempio Esperienze: degustazioni enologiche di vini rossi in cantina, corsi di pasticceria, preparazione di confetture, cene di coppia, eventi serali per adulti, soggiorni in castelli.

Marrone, da tonalità sabbia a testa di moro= mascolinità, appartenenza alla terra e alla storia (colore che lega all'antichità).
Esempio Esperienze: visite in siti storici o archeologici, concerti in abbazie, escursioni in aree rocciose e deserte, agricoltura in autunno, cavalli, città etniche).

Viola intenso= spiritualità, movimento, mistero, superstizione, meditazione, malinconia. In oriente è legato al vizio e alla malvagità, in Giappone evoca il peccato e la paura, in altri il lutto, è ancora non apprezzato a teatro (formato dal rosso e dal blu, è un colore molto difficile da usare e uno dei meno amati).
Esempio Esperienze: si sconsiglia il suo utilizzo tranne in ambienti dove si svolgono attività spirituali di meditazione e concentrazione, da legare solo ad aspetti culinari, ad esempio i crochi dello zafferano.

Bianco= delicatezza, purezza, precisione (per consuetudine colore del matrimonio ma anche legato ad aspetti onirici e misteriosi, legato alla luce abbagliante).
Esempio Esperienze: tutti gli eventi in aree sacre cristiane, arte in luoghi di mare, eventi magici). Tipico per i matrimoni ed eventi di questo tipo. Buono come sfondo per fiori e banchetti, oppure ceramiche colorate o corsi di pittura. Il bianco riflette ciò che trasmettono i colori vicini.

Nero= mistero, autorità, eleganza (colore di riferimento del mistero e della magia, di difficile utilizzo se non associato al colore oro e beni di lusso).
Esempio Esperienze: sfilate di moda, fotografia in bianco e nero, gioielli moderni.

Argento e oro = regalità, benessere, nobiltà (colori preziosi simbolo di eleganza).
Esempio Esperienze: visita a confezioni artigianali di abiti, accessori o gioielli, mostre di gioielli antichi, sfilate di alta moda, degustazioni di caviale o champagne.

Gli aggettivi della modalità visiva
Nel preparare un'esperienza da proporre, per coinvolgere la modalità visiva del vostro futuro ospite accompagnate le immagini con frasi con i seguenti termini:
tutti i colori, le forme preferendo quelle rotondeggianti, alto, ciò che trasmette solidità e passione, la luminosità e la vivacità.
La descrizione deve trasmettere, in assenza d'immagine visiva, le emozioni.
Esempi:
Unisciti a me per un corso di cucina umbra tradizionale nella storica della mia fattoria di famiglia del 1600. Insieme, prepareremo un pasto di quattro portate con ingredienti stagionali, raccogliendoli direttamente dal nostro giardino. Assaggerete il nostro olio d'oliva, dal gusto intenso e dal colore verde smeraldo, le marmellate fatte in casa di mia nonna e il nostro corposo vino rosso granato. Il pranzo sarà servito su una terrazza ombreggiata da alberi di quercia secolari che si affacciano sui nostri argentei oliveti.
Esplora con me le imponenti dune di sabbia rossa, morbide e setose. Preparati a sentire i brividi nella colonna vertebrale mentre la tua guida esperta conquista la duna più alta. Poi goditi il surf sulla sabbia per 10 minuti. Arriveremo all'accampamento in tempo per ammirare un tramonto dai toni rosati e scarlatti e, sorseggiando una bibita fresca oppure un tradizionale tè alla menta, attenderemo di gustare la cena vicino al barbecue e

converseremo sotto sarà le stelle scintillanti, allietati da uno spettacolo di danza e musica araba tradizionale. Dopo la notte passata sotto un cielo che non ha uguali, il profumo della colazione all'alba risveglierà i vostri sensi. In questo viaggio notturno vi avventurate nella campagna toscana ed esplorerete la pittoresca città di Vinci, a poca distanza da Firenze, dalle pendici sognanti delle colline di Montalbano e dal pittoresco borgo medievale dove è nato il famoso genio di Leonardo, lasciando il caos cittadino lontano. Potrai salire sulla torre del suo museo, la più alta del borgo e ammirare dalla cima le dolci e verdi colline tutt'intorno.

In questa avventura dovrai svegliarti quando ancora l'alba non ha fatto capolino, allacciare le tue comode scarpe da trekking e partire in fuoristrada per la caccia ai prelibati tartufi. Bingo, nero e riccioluto cane lagotto, è già pronto e vivace. Un esperto cercatore di tartufi vi spiegherà tutte le curiosità della ricerca, mentre camminerete nel bosco di alti ed esili alberi della tartufaia. Al ritorno una degustazione di salsa a base di tartufi e formaggi pecorini stagionati, rari e gustosi, accompagnati da un calice di vino e dal crepitio del caminetto vi permetterà di chiudere in bellezza il pomeriggio.

Spesso descritta come i "Caraibi del Mediterraneo", grazie alle sue acque cristalline, le spiagge e le scogliere, entreremo nel paradiso del kayak della Sardegna. Andremo sulla costa nord-occidentale di Isola Della Maddalena, fermandoci di tanto in tanto a nuotare nelle calette isolate, godendoci il sole e la splendida vista della costa e delle isole più piccole dell'arcipelago. Ammireremo le montagne della Corsica visibili in lontananza attraverso lo Stretto.

In questi esempi si comprende quanto la modalità visiva sia integrata alle modalità olfattive, gustative e cinestesiche.

Pertanto l'immagine o il video dell'Esperienza saranno correlati da descrizioni più ampie possibili, per attrarre le altre modalità sensoriali.

La modalità uditiva

Una persona predisposta maggiormente per la modalità auditiva comunicherà in modo armonioso, parlerà con cadenza ritmata con un'accurata scelta delle parole, facendo pause al punto giusto e respirando in maniera regolare. Gli auditivi hanno una memoria capace di registrare la sonorità attorno alla loro vita. L'ascolto per loro è fondamentale, danno molta importanza al dialogo e alle discussioni, al significato e all'utilizzo delle parole, ai rumori della natura come al silenzio, alla musica e al ritmo, ma possono essere disturbati dal caos non organizzato del traffico o di musiche di sottofondo non adeguate. Sono individui rilassati, comunicativi e dotati di grandi capacità di esprimersi; amano conversare e si ricordano dettagliatamente tutte le parole che hanno ascoltato.

Questi soggetti sono organizzati e ponderano attentamente ogni loro decisione, mantengono la distanza di sicurezza con le persone che non conoscono a fondo, sono introversi, riservati e riflessivi. L'auditivo si muove in maniera ritmata, utilizzando gesti quali lo schiocco delle dita e termini come "dirlo chiaro e forte", "prestare orecchio" etc...

Gli aggettivi della modalità uditiva:
Descrivere il suono in modo si possa percepirlo anche non udendolo: chiassoso, intonato, melodioso, musicale, orecchiabile, ritmato, ritmico, rumoroso, scordato, soave, stonato, tremante (voce), ecc.

Le Esperienze proposte per questa modalità sono tutti le tipologie di concerti, individuali o di gruppo, gli artisti che creano musica o artigiani di strumenti musicali, da evidenziare i suoni della natura come i grilli o la brezza rinfrescante. Vediamo qualche esempio.

Il nostro trekking si svolgerà all'interno del parco, attraverso il bosco e accanto al ruscello limpido e scrosciante, dove facilmente vedremo sguazzare le trote. Il silenzio e i rumori del bosco ci accompagneranno e sarà molto facile avvistare i cervi o qualche volpe. Se non amate il cinguettio degli uccellini all'alba questo non è il trekking per voi. Neppure se vi disturba dormire in una tenda con un gufo pronto ad appollaiarvi sopra. Ma se amate il fruscio delle chiome degli alberi e trovarvi all'improvviso di fronte al fragore di una cascata, non potrete perdervi questa esperienza.

Dopo la giornata di vendemmia, assistiti dagli esperti, vi sarà il tempo per sdraiarsi nell'aia adiacente la fattoria. La cena si svolgerà in compagnia del gruppo folkloristico dell'associazione, composto solo da bambini dai 6 ai 12 anni, che si esibiranno in temi della tradizione locale, mentre i nonni contribuiranno a cantare i brani delle canzoni intonate al tempo della vendemmia.

Il gruppo a cavallo percorrerà il sentiero tra i campi e in mezzo al bosco, fino a giungere in fondo alla valle, attraversare il torrente e risalire fino al castello. Durante il percorso i cavalieri potranno galoppare o trottare seguendo la propria guida. Fino al rientro saranno accompagnati dal rumore di zoccoli in mezzo alla natura incontaminata.

Fin da piccola ero appassionata al suono della chitarra classica, ora amo coinvolgere nuovi amici ospiti al bordo della piscina, nelle sere d'estate, intonando un coinvolgente flamenco. Sono raccomandati i piedi nudi per ballare sul bordo e il costume sotto il vestito. Non si sa mai!

La modalità tattile

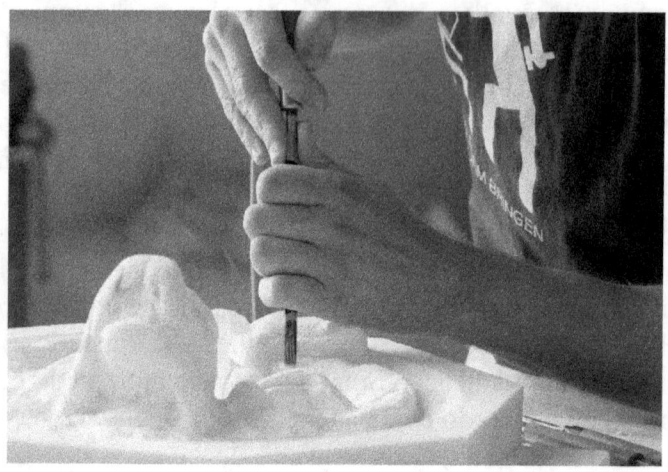

La pelle è il più grande organo del corpo, attraverso di essa siamo in grado di sentire il freddo, il caldo, il dolore o la pressione, per ampliare di dettagli il mondo attorno a noi. Il tatto è quindi un modo di prendere conoscenza di un oggetto e le attività con questa modalità possono fornire ai clienti una connessione emozionale attraverso un'immediata gratificazione nel toccare o manipolare gli oggetti.

Non è solo un'azione puramente pratica, ma vi è una più profonda ragione primordiale che riguarda il fatto di maneggiare l'oggetto, fantasticandoci sopra.

Un'esperienza tattile equivale a usare le mani, divertendosi e allo stesso tempo imparare qualcosa.

Gli aggettivi della modalità tattile:

sono tutti quelli che rimandano alla consistenza degli oggetti e alla loro creazione:
toccare, plasmare, liscio, ruvido, setoso, vellutato, plasmare. Accarezzare, impastare, formare, cucire, dipingere, spazzolare, lavare, appiccicoso, bollente, caldo, crespo, duro, elastico, freddo, ispido, flaccido, ghiacciato, grinzoso, levigato, liscio, morbido, oleoso, ondulato, peloso, pruriginoso, rigido, rovente, sensibile, sodo, squamoso, tagliente, tiepido, unto, ecc.

Le Esperienze tattili sono principalmente tutte quelle che rientrano nella creazione o manipolazioni artistiche, attività artigianali, come la ceramica, dipingere, cucinare o cucire; da non sottovalutare tutte le attività con gli animali, come l'equitazione, il soccorrere animali, molto adatte per i bambini.

Crea le tue espadrillas in tre ore di divertimento: scegli i tessuti, morbidi o sostenuti, ricamati o con decori, montale e cuci le tue scarpe di tela, per un ricordo che ti accompagnerà tutte le vacanze. Oppure puoi approfittarne per fare un regalo con le tue mani a un tuo caro.

Chi non ha mai sognato di sporcarsi le mani, forgiando un vaso al tornio? Un maestro vasaio ti spiegherà tutti i trucchi e guiderà la tua realizzazione. L'argilla da te modellata sarà cotta nel forno e ti sarà recapitata alla struttura dove ti trovi, confezionata in modo sicuro per il tuo ritorno a casa. –

In poche ore potrai realizzare una litografia nel laboratorio dell'artista, da una foto a tua scelta.

La litografia è un procedimento di riproduzione su pietra, tra l'acqua e una sostanza grassa, tracciandovi segni grassi e poi inumidendola, si vede che l'acqua non aderisce a tali tracce. Poi, passandovi un rullo inchiostrato, si produce l'effetto opposto: l'inchiostro, che è grasso, aderisce ai segni grassi e non alle parti inumidite della pietra. Infine, un foglio pressato contro la pietra riceve l'inchiostro posato sui segni. Apprenderete come realizzare un'opera che potrete appendere in casa vostra e che vi permetterà di far ammirare le vostre capacità.

Cucinare nella nostra fattoria biologica vuol dire per prima cosa recarsi nell'orto, scegliere e raccogliere gli ingredienti sul campo poi, sopra il grande tavolo in legno, pulirli e prepararli per essere cucinati, godendo dei profumi delle verdure fresche di rugiada e delle erbe aromatiche, ascoltando le indicazioni di nonna Giuseppina, regina incontrastata dei segreti del nostro agriturismo, tramandati da generazioni. Infine godere del pranzo all'ombra della frescura della pergola di edera.

La modalità olfattiva

L'olfatto consente di riconoscere e attribuire odori diversi a un numero di molecole che varia da 1000 a 10.000. Per questo, la sensibilità del sistema olfattivo è tale da rilevare la presenza di un dato odore da una concentrazione di 107 molecole per 1 ml d'aria. Gli stimoli olfattivi sono in grado di generare memorie associative che durano a lungo nel tempo, collegandoli a immagini di eventi, persone e luoghi.

Associamo un profumo a una persona che lo indossa sempre, a un prodotto gastronomico. Siamo circondati da odori e spesso non ce ne rendiamo conto. Cerchiamo di sceglierli in base alle sensazioni che ci risultano più piacevoli. Pensate a quando annusate qualcosa che non vi piace, l'effetto è sgradevole e non vorrete più farlo, mentre ancora ricordiamo certi profumi fin dall'infanzia.

Purtroppo questo senso può essere danneggiato e se la persona è un fumatore, non percepirà i profumi sottili,

oppure vivere in un luogo pieno di traffico ridurrà le potenzialità di questo senso e spesso renderà impossibile comprendere la differenza da un ambiente pulito.
Non solo, l'olfatto tende a diminuire con l'avanzare dell'età.
Olfatto e gusto procedono fianco a fianco, non esiste un alimento al quale non associamo un profumo. Quindi tutte le esperienze enogastronomiche collegano ambedue le modalità olfattiva e gustativa.

Gli aggettivi della modalità olfattiva:
tutti quelli che ricordano e fanno percepire il profumo, ovviamente solo quelli piacevoli e stimolanti come acre, acuto, aromatico, balsamico, delicato, fragrante, inebriante, fetido, maleodorante, penetrante, profumato, pungente, puzzolente, ripugnante, soffocante.

Ecco alcune Esperienze specifiche che utilizzano come volano di promozione la modalità olfattiva:
Nel nostro laboratorio di profumi apprenderete la storia del profumo e sarete pronti a creare la vostra fragranza, unica e personale, secondo i trucchi e le regole del mestiere del nostro maestro profumiere, pronto a rendere felice il tuo naso.
Conoscerete la struttura classica composta dalle note olfattive, suddivise in note di testa, cuore e fondo, come sono collegate e come variano. Riporterete con voi il risultato della vostra scelta, gocce che comunicheranno la vostra identità.
Timo, Maggiorana, Menta, Melissa e chi più ne ha, più annusi e gusti il risultato in cucina. Le erbe aromatiche sono coltivate in un angolo speciale dell'orto del nostro agriturismo e con esse potrai preparare i piatti tipici storici della nostra campagna.

Da anni vivo in Italia, ma nel mio piccolo ristorante amo far conoscere le spezie della mia Marrakech in Marocco, dove sono nato. Assaggerete il mio cous cous e la carne speziata, fino al dessert, in un tripudio di colori e aromi, ascoltando in sottofondo la musica del deserto, in un viaggio culturale che vi resterà impresso per il futuro.

Sono un esperto sommelier e vi accompagnerò in una splendida e antica cantina per degustare i famosi vini del Piemonte e scoprirne l'aroma e il loro giusto abbinamento.

Avrete il piacere di passare questo tempo sulla magnifica terrazza della tenuta, ammirando i vigneti e il tramonto in un'esperienza indimenticabile.

La modalità gustativa

Il gusto è il senso che riguarda e indica la sensazione provata da chi mette in bocca un alimento o una bevanda. Il sistema gustativo sta all'origine di sapori come il dolce, il salato, l'acido, l'amaro, l'umami (parola giapponese che indica il sapore gradevole della carne e degli alimenti contenenti glutammato). Gli alimenti inoltre posseggono dei distintivi odori, pertanto come detto in precedenza gusto e olfatto combinano le modalità per comunicarle e ricordarle al meglio nel tempo.

Allora il gusto, nell'accezione comune, è fatto di sapori e aromi? In un certo senso sì, ma con un distinguo fondamentale: esistono in effetti sensazioni provenienti da bocca e naso che non possono essere definiti propriamente né sapori né aromi, si tratta delle sensazioni generate dall'azione degli alimenti e delle bevande sulle terminazioni del quinto nervo cranico, il nervo trigemino. Il contributo di questo nervo al gusto si attesta quasi sulla gamma del dolore, poiché veicola le sensazioni acute di piccante, pungente, irritante, astringente provocate dalla senape, dall'ammoniaca, dal peperoncino e altre sostanze decisamente intollerabili o deliziosamente irritanti.

Le tre categorie percettive: sapori, aromi e sensazioni trigeminali, rientrano nella cosiddetta sensibilità chimica, connessa alle proprietà molecolari degli stimoli, in opposizione a sensi che invece si basano su proprietà fisiche, come il tatto e la sensibilità termica.

Le cellule gustative sono collocate all'interno di tre tipi di papille, ripartite sulla lingua, il palato e la faringe; hanno una vita breve, dell'ordine di una decina di giorni. Esse quindi si rinnovano continuamente, con importanti conseguenze funzionali.

Sul sapore dolce, già da diversi anni, i ricercatori si sforzano di cogliere la configurazione molecolare del sito di legame, in cui possono inserirsi le molecole per attivare il suo o i suoi recettori. Il dolce comunica piacere e voglia di continuazione.

Gli aggettivi della modalità gustativa:

Quanti sinonimi può riportarci in mente il gusto? Molti e provate, appena ne nominate uno la vostra mente si collegherà subito a una pietanza:

aromatico, acre, acido, agro, agrodolce, amaro, appetitoso, aspro, acidulo, delicato, dolce, dolciastro, forte, insipido, pepato, piccante, raffinato, rancido, salato, saporito, squisito, mieloso, caramellato, ecc.

Leggiamo alcune esperienze collegate alla modalità gustativa e ovvio sono tutte quelle che riguardano la cucina e le degustazioni di prodotti enogastronomici:

Prepara i gustosi cannoli siciliani nella mia cucina, assaporando il piacere unico che solo in Sicilia puoi trovare. Apprenderai come preparare la pasta e il ripieno con la ricotta fresca, ma soprattutto i segreti che mia nonna mi ha insegnato da bambina. In questa esperienza sono benvenuti i bambini perché si divertiranno a preparare dei mini cannoli solo per loro.

Si fa presto a dire pizza ma nella nostra pizzeria, in una saletta riservata, potrai assaggiarne tanti tipi fino a quando dirai basta non ne posso più! Lavorerai accanto al nostro pizzaiolo per prepararne una nuova con il tuo nome. Capirai la diversità delle farine e del loro gusto, le mozzarelle fresche appena arrivate e tutti gli ingredienti che contribuiscono al nostro menù di 100 pizze! Porta i tuoi bambini ne saranno felici!

A chi non piace il cioccolato? Se sei fra queste rare persone questa esperienza non fa per te o potrebbe farti cambiare idea e convertirti. Con il nostro campione del mondo, Luca, potrai assaggiare vari tipi di cioccolato, dal più amaro a quello al latte, alle nocciole e all'arancio e capire a quali usi sono più adatti, provare a realizzare i suoi famosi trouffle e ricevere il suo ultimo libro con la raccolta delle sue ricette.

La masterclass con la degustazione delle varie tipologie di grappe e distillati rari è un evento riservato a poche persone, alle quali viene permesso l'ingresso nella nostra distilleria, la più antica della regione, dove apprenderanno i metodi antichi e cosa può influire sul profumo e sul gusto. I distillati offrono ricche e straordinarie qualità a chi li sa apprezzare e a chi sceglie di conoscerli nella loro più profonda essenza, un mondo pieno di coinvolgenti aromi e sapori L'esercizio della degustazione sensoriale dei distillati è una pratica interessante e avvincente tanto quanto quella dei vini. Non puoi perderti questa esperienza!

La modalità cinestesica

Cinestesico, o cinestetico, definita sesto senso, è un termine che si riferisce nel suo significato più classico alla *cinestesia*, che in medicina è la "sensazione dei movimenti del proprio corpo e capacità di controllarli". Tutte le persone usano la modalità cinestesica e vedono il mondo interpretato in base alle loro emotività e alle loro sensazioni corporee, tattili e percettive.

Un soggetto cinestetico è più interiore, utilizza respiri lunghi e profondi, fa numerose pause e ha un tono di voce basso. La sua gestualità è lenta, quasi rilassata. Questa tipologia di persone tenta di ricercare il contatto fisico con l'interlocutore, come toccandogli la mano, la spalla o cercando un abbraccio. Loro stessi spesso si toccano il petto, la pancia e il naso. Sono persone emotive, socievoli e sanguigne che si fanno prendere da quello che in quel momento provano. Non nutrono un vivo interesse per i dettagli, come le persone visive, ma sono spontanee e hanno la tendenza a ricercare emozioni in prima persona.

Chi sente la modalità cinestesica come primaria usa i sensi come veicolo di trasmissione delle emozioni interiori e le apprezza rendano un effetto a lungo termine, facile da trasmettere ad altri.

Il linguaggio cinestesico è facile da distinguere perché utilizza un linguaggio ricco di termini legati alle sensazioni ed è tendenzialmente emotivo e riflessivo, intento com'è ad analizzare il mondo attraverso le sue sensazioni corporee e le memorizza per le loro sensazioni.

Non esistono, come negli altri sensi, termini precisi per i cinestesici ma dovrete avere cura di coinvolgerli nelle profondità dell'animo, poiché questi non ricercano o sono attratti dalle banalità ma da qualcosa che resti inciso negli anni.

Quindi sono i più propensi alle esperienze avventurose, sportive, alla natura, agli sport estremi e alle realizzazioni di qualcosa che lasci il segno.

Dipingi un graffito con me, nella mia città. Ti spiegherò le tecniche e potrai realizzare liberamente il tuo pezzo, che resterà per sempre. Insieme a tanti amici sto realizzando questo graffito, in un puzzle internazionale che sarà pubblicato e filmato e dove tu potrai farne parte. Diventerà un'opera da guinness dei primati e sarà anche merito tuo!

Passa un giorno da archeologo al mio fianco, nella terra degli etruschi guidati dal prof... esperto di fama internazionale. Capirai quanto sia entusiasmante avere le mani polverose nell'attesa di scorgere un reperto che affiora. Non potrai portarti a casa nessuna antichità, ovvio, ma potrai fare foto e filmati della tua esperienza e scrivere il tuo nome nel registro degli archeologi che hanno collaborato alle ricerche.

Un volo in mongolfiera sopra le colline toscane al sorgere del sole è un'emozione talmente intensa da non aver eguali. A vederle da lontano, mentre navigano placide nel cielo, infondono tranquillità, ma quando realizzi di essere dentro un cesto e ti stai alzando a decine di metri, sarai colto da una scossa adrenalinica che renderà questa esperienza indimenticabile. Dopo la prima volta comprenderai che dentro di te si nasconde un Giulio Verne che vuole scoprire il mondo da un diverso punto di vista.

Se non ti disturba stare nella polvere, la nostra officina ospita artisti e appassionati di tutto il mondo per apprendere come lavorare il marmo, Didier, il maestro scultore, grazie strumenti manuali e meccanici, sta realizzando una grande opera destinata in Cambogia. Potrai lasciare una tua firma sul monumento e una volta terminato riceverai le foto e i dettagli, così da poterli tenere sempre con te.

Ricapitoliamo:

Le modalità sensoriali sono gli strumenti che il nostro corpo attiva per raccogliere informazioni e trasmetterle al cervello. Ogni persona, senza volerlo, predilige una modalità, è innata nell'inconscio fino dalla nascita, pur apprezzando anche tutte le altre.

Pur essendo attratti dai dettagli della modalità principale, il cervello somma tutte le informazioni che trasmettono emozioni e questa somma rende l'esperienza indimenticabile.

I sistemi della memoria

Da tempo gli studiosi dei meccanismi che intervengono nelle capacità della memoria cercano di svelarne ogni aspetto recondito, per sfruttarla appieno e mantenere i dati a nel tempo. I risultati, ampiamente condivisi, sostengono che possediamo due tipi di memoria: una a breve termine, in grado di trattenere le informazioni per un lasso di tempo molto ristretto come secondi o minuti e una a lungo termine, capace di contenere i dati anche per tutta la vita. I processi di apprendimento e di memorizzazione delle informazioni sono suddivisi in tre fasi:

codifica: il cervello riconosce i dati e le informazioni, ordinandole e associandole quando è possibile a eventi simili e dati del passato;

conversione: trasformazione delle informazioni in una traccia di memoria per essere conservata nel tempo;

recupero: le informazioni memorizzate dal sistema sono riprese per essere associate a nuovi eventi o funzioni.

La memoria a breve termine è la memoria primaria, riguarda l'attenzione momentanea e codifica principalmente informazioni che hanno una natura linguistica; si disattiva quando l'informazione non è più interessante o sappiamo che non verrà più usata.

Se gli stimoli saranno forti, i ricordi legati a un'Esperienza resteranno chiari nella memoria del soggetto anche per molto tempo. Tuttavia questi stimoli saranno archiviati a livello inconscio, lasciandone una traccia emotiva con tutti i dati associati. L'informazione racchiusa nella memoria a breve termine si deteriora rapidamente e inizia subito a erodersi se non viene ripetuta a sufficienza per marcare la traccia.

La memoria a lungo termine conserva invece tutte le informazioni che ci riguardano, ha una capienza virtualmente illimitata ed è quella che spesso viene evocata nelle promozioni pubblicitarie, sia in modo diretto (immagini e concetti) che indiretto, attraverso l'associazione di idee. Anche se dotata di spazio, riattivare le informazioni potrebbe non essere possibile per l'incompletezza dei dati trasmessi.

Le emozioni sono quindi determinanti per fissare i ricordi e possono influenzare la capacità della memoria consentendo di ricordare meglio o eliminare totalmente un determinato evento. Spesso accadimenti che hanno suscitato in noi emozioni forti restano impressi anche a distanza di molti anni, il ricordo di un'Esperienza particolare fatta durante un viaggio, richiama l'attimo esatto in cui si è verificato l'evento e ogni volta che ci pensiamo riviviamo quelle emozioni.

Situazioni molto positive o molto negative tracciano il solco più profondo e sono ricordate più facilmente quando ci avviciniamo a contesti successivi simili.

La scienza descrive la memoria come un processo che si definisce tramite associazioni tra neuroni e che quindi è in grado di formare una mappa di connessioni per comprendere la reazione agli stimoli. Mentre viviamo un'esperienza, questa stimola la creazione di una rappresentazione sempre più permanente con l'aumentare della sua ripetizione.

Il nostro cervello è un'enorme banca dati in continuo aumento. I nostri addetti ordinano e riprendono le informazioni per combinarle in nuove forme.

L'individuo deve essere tranquillizzato sul piacere dell'Esperienza, come se fosse nuova, eliminando ogni accadimento spiacevole esso possa aver vissuto in precedenza in un'esperienza simile.

Le emozioni fissano i ricordi

Le emozioni possono influenzare in maniera decisiva la memoria permettendo di ricordare o eliminare totalmente un evento passato, perché interferiscono in tutte le fasi del processo mnemonico dalla percezione dell'evento fino al recupero dell'informazione.

Eventi che hanno suscitato in noi emozioni forti restano come ricordi vividi anche a distanza di molti anni, un acquisto fatto durante un viaggio entusiasmante richiamerà il piacere del viaggio stesso, rivivendo le emozioni provate; al contrario, se il viaggio è stato una disavventura, l'oggetto stesso sarà portatore di tutte quelle sensazioni negative, pur non avendone colpa.

Le emozioni sono quindi un elemento fondamentale per fissare i ricordi.

Il punto fondamentale per capire le emozioni dei consumatori è la conoscenza non delle loro azioni e di come reagiscono agli stimoli provenienti dal mondo attorno ad essi.

Nello stesso momento si attivano sia i ricordi, sia le altre rappresentazioni associate e la possibilità che questi elementi siano utilizzati nell'ulteriore trattamento dell'informazione aumenta. Il contesto che genera le emozioni è dotato non solo da elementi fisico-sociali ma anche da elementi emozionali. Gli eventi sono ricordati in base alle emozioni, causate dalle modalità sensoriali delle quali abbiamo parlato prima, le quali agiscono come canali fra il vissuto e lo stato d'animo.

L'arousal, è lo stato di attivazione emozionale e ha la capacità di influenzare il modo in cui i ricordi sono immagazzinati, secondo l'importanza, decidendone la durata nel tempo.

Marketing emozionale

Il viaggiatore avrà sempre più la possibilità di vedersi offerti prodotti similari, dove le emozioni sono predominanti; oltre alla qualità e al prezzo il consumatore ricerca anche fattori intangibili quali la fiducia, l'amore e i sogni. Le emozioni crescono con la comparsa del principio del piacere e sono un elemento distintivo da aggiungere per aumentare la soddisfazione di base del prodotto/servizio proposti.

Gli operatori del settore hanno ben compreso e il classico turismo si è rinnovato in "Travel Experience", dove il viaggiatore non si accontenta di osservare passivamente come davanti a una bella cartolina, ma vuole stabilire relazioni dirette, ovvero entrarvi dentro, immergersi nel luogo, conoscere le persone, toccare con mano. Per questo anche le kermesse rivolte al turismo cambiano volto e i Tour Operator propongono non soltanto i territori e le strutture ma soprattutto storie da vivere, attività con gli abitanti, la comprensione profonda delle tipicità locali, entrare nella partecipazione degli eventi folcloristici e nella cultura storica dell'area. Quindi non solo itinerari interessanti e visite ma molto altro.

Le Fiere e Borse Internazionali del Turismo Esperienziale attraggono operatori turistici, buyer e seller in workshop con migliaia di appuntamenti, offrendo un'ottima opportunità per immettere la propria Esperienza nel mercato.

Possiamo certo dire che si è aperta la caccia alle emozioni e chi riuscirà a costruire un format interessante potrà destare l'interesse dei tour operator e delle agenzie che si occupano di incoming, dotandosi di un vantaggio competitivo che può fare la differenza.

La proposta al cliente non può basarsi sull'unione dei processi razionali, un'esperienza è la creazione di una fonte di significato, sentimenti e relazioni che generano una funzionalità ai fini del consumo.

Per questo nella proposizione dell'Esperienza è necessario far toccare aspetti intangibili del prodotto. Parole, forme e immagini sono collegate tramite processi mentali densi di significato emotivo, passando attraverso il coinvolgimento multisensoriale.

Dagli inizi del ventesimo secolo fino ai giorni nostri, il marketing ha subito un profondo cambiamento dovendosi adattare in maniera continua alle mutevoli esigenze e bisogni dei consumatori. Se è vero che inizialmente l'obiettivo del marketing era quello di puntare su una più ampia distribuzione dei prodotti, considerando il consumatore solo come un destinatario finale delle attività di promozione, col passare del tempo le aziende si sono concentrate sul ruolo fondamentale introdotto dalle emozioni.

Durante il processo di acquisto e dopo i bombardamenti pubblicitari una nuova forma di marketing ha preso vita nel mondo del turismo: il marketing emozionale.

Quali sono gli obiettivi che possiamo raggiungere con il suo utilizzo?

Obiettivo n. 1: il coinvolgimento del viaggiatore. Proporre Esperienze uniche e memorabili, tali da restare impresse nella memoria a lungo termine, associando sensazioni e ricordi positivi e piacevoli.

Obiettivo n. 2: anticipare i desideri inconsci del cliente e il loro soddisfacimento. Nella sua sperimentazione l'attività proposta deve soddisfare e superare le aspettative, anticipando i desideri inconsci.

Obiettivo n. 3: consolidare il legame con cliente. L'intesa emotiva vissuta dal viaggiatore deve diventare un'emozione positiva che trasformerà la struttura in un brand e il cliente soddisfatto si trasformerà in suo ambasciatore e promotore verso terzi.

L'obiettivo generale definitivo è creare un'immagine emotiva che indurrà il viaggiatore a tornare, per provare una nuova esperienza con voi.

Questo indica una parte base della vostra strategia, che analizzeremo in seguito: le esperienze non devono durare per sempre, devono essere rinnovate e cambiate, per indurre il viaggiatore a rimpiangerle e provarne di nuove e chiederle su sua esplicita richiesta.

Il Marketing Emozionale suddivide le esperienze in tipologie strategiche:
Esperienze Sensoriali: dove sono coinvolti i 5 sensi + la modalità cinestesica, in modo da lasciare un forte impatto e impressione emotiva.

Esperienze Sentimentali: basate sulle emozioni dei sentimenti più intimi, associando i prodotti alle azioni, cercando di far estrarre i ricordi personali.

Esperienze mentali: dove la mente gioca un ruolo fondamentale sotto il lato creativo e cognitivo, inducendo il viaggiatore a essere parte integrata e lavorare a un concetto più ampio che può continuare nel tempo.

Esperienze attive: rivolte alle persone nel loro complesso fisico e mentale. Il viaggiatore è spinto a osare e agire in modo istintivo e diverso dal suo standard, a provare cose nuove anche irrazionali, assorbendo una grande carica energetica.

Esperienze di relazione: dove si lo scopo è unire i singoli individui, cercando di creare una relazione con il contesto passionale. Il ruolo principale è svolto dal profondo desiderio di progresso personale supportato dall'entusiasmo di gruppo.

Quali sono gli stati emotivi

che ci fanno agire?

Anche se agiamo d'impulso il nostro inconscio ci spinge a seguire degli stati emotivi. Questo ha indotto gli esperti di marketing ad approfondirli per comprendere meglio le leve emotive che stimolano un acquisto.

Leggiamo i 10 stati più comuni e come si attivano nelle esperienze.

Paura

Questa è un'emozione negativa e potente, capace di bloccare e annullare tutte le altre sensazioni.

In pratica:

Un'emozione che crea paura, anche se immotivata, può impedire di provare e ostacolare il percorso. L'esperienza si trasforma in un trauma già dall'inizio e l'individuo si porrà sulla modalità di difesa non godendosi l'attività. Un esempio che può innescare lo stato emotivo della paura sono tutte le Esperienze di avventure estreme come il rafting, la mongolfiera, safari a cavallo, immersioni con gli squali, tutto quello che iniziato non può essere interrotto. Tenete a mente le giostre al luna park, quelle da terrore. Io ho sempre odiato persino il bruco per i bambini piccoli! La promozione di queste attività non può forzare, ma stimolare, rassicurando che l'emozione ricevuta in cambio li aiuterà a superare la situazione che temono. Sono molto utili i commenti dei clienti che vi hanno partecipato. Il marketing cerca di fare leva sull'esclusività dell'esperienza, sul numero limitato di persone in grado di provarla, sullo stato emozionale avventuroso che abbiamo insito in noi, su un ricordo che non si cancellerà mai e ci darà forza caratteriale.

Evitate di dire che dopo l'esperienza il cliente sarà in grado di risolvere i suoi problemi e a tal proposito cito la storia di un trainer che organizzava sessioni per uomini d'affari, facendoli camminare sui carboni ardenti, convincendoli che dopo questo sarebbero diventati invincibili. Quando purtroppo ciò non accadeva, queste persone si sentivano doppiamente sconfitte, cadendo nel rammarico e depressione. Quindi, la promozione di un'Esperienza avventurosa significa per l'individuo mettere in atto un desiderio, uscire dalla realtà quotidiana per breve tempo e riportarne un'emozione profonda che gli infonderà più sicurezza in sé stesso nella quotidianità.

Senso di colpa

Una sensazione che ci può tormentare di frequente, come la paura, è il senso di colpa, verso sé stessi o altri; è un'emozione negativa che può portare a provare la vostra esperienza solo se quello che proponete può alleviarla.

In pratica:

Tipico senso di colpa, senza esplorare situazioni complesse, è la forma fisica, che non siamo riusciti a mantenere o a riportare come volevamo. Avete presente la prova costume? Le diete più strane, provate e abbandonate? L'attività sportiva pensata dal divano?

Questi esempi, come altri, generano sensi di colpa, non gravi ma possono muovere il cliente verso direzioni precise.

Le campagne promozionali delle palestre ci fanno sentire in colpa per la pancetta che abbiamo messo su nei mesi invernali, ma allo stesso tempo evocano il beneficio che avremmo se ci abbonassimo subito per ottenere un corpo scolpito in tempo per l'estate. Nelle Esperienze non potrete farlo, perché poche ore di trekking, attività fisica all'aperto, non possono risolvere mesi di pigrizia. Però è lo spunto per fornire sconti su iniziative future, con nuovi trekking o camminate e sfruttare le tecnologie attuali, come ha fatto un abile coach: ha realizzato video di ginnastica in casa e fuori al parco, li ha postati su youtube e ha regalato ai partecipanti bonus per le sue esperienze di trekking montano, un percorso casalingo nel giardino o nei parchi, con una seduta online personale via skype. Periodicamente ha proposto attività nei weekend con percorsi rinnovati.

Fiducia

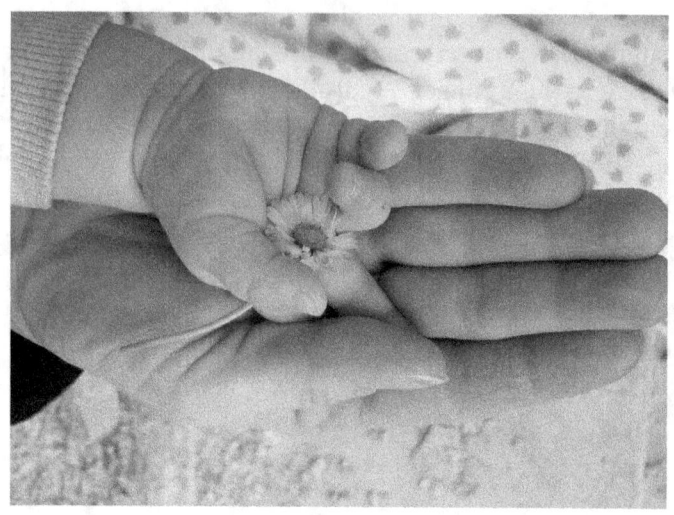

Per qualsiasi tipo di relazione a lungo termine, in modo particolare con i clienti, la fiducia è fondamentale. La fiducia in una persona è una colonna portante, se si incrina si può riparare ma non sarà più la stessa.
In pratica:
Essere trasparenti e chiari sono elementi essenziali per comunicare e promuovere qualsiasi tipo di esperienza.
Per infondere fiducia sono utili le recensioni e testimonianze dei clienti passati. Molti tour operator hanno inserito la possibilità d'inserire commenti creando un punteggio di valutazione, per mostrare al cliente i pareri delle altre persone che prima di lui hanno acquistato, proprio perrché libere e non condizionabili le recensioni sono un'arma a doppio taglio.

Valore

Ciascuno di noi attribuisce un valore a ogni esperienza, importanza a fatti, oggetti e situazioni. Questi valori sono soggettivi e sono alla base delle nostre priorità e delle nostre scelte. Vedremo in seguito i dettagli di questo stato e perché motivano all'acquisto.

In pratica:

Il viaggiatore pensa di percepire un valore in quello che farà, un valore non economico come potrebbe essere per un vestito, ma emozionale e caratteriale.

Alcuni negozi online promettono di rimborsare la differenza di prezzo nel caso in cui il cliente trovi in un altro store lo stesso prodotto a un prezzo inferiore. Anche il classico "Prendi due e paghi uno" fa leva sulla percezione del valore.

In un'Esperienza può valere uno sconto per una volta successiva o un bonus per clienti insoddisfatti. Nelle escursioni di whale-whatching, in caso di nessun avvistamento dei cetacei viene regalato uno sconto del 50% per una successiva escursione.

Il rimborso per certi casi è come possedere una garanzia su quello che deve avvenire, ma solo in certi casi; non potrete rimborsare in tutti i casi, conviene avere dei voucher da utilizzare secondo le situazioni o sconti creati per convenzioni con società o associazioni.

Senso di appartenenza

Eremiti a parte, tutti desideriamo appartenere a un gruppo, è tipico della natura umana e spesso compriamo qualcosa per farci sentirre parte di una comunità e condividere le nostre iniziative. Il gruppo sostiene, incoraggia, stimola lo scambio di Esperienze e pensieri, ampliando il nostro mondo di conoscenze.

In pratica:

Competizione

È una sensazione negativa ma che ci motiva perché ci spinge ad agire per raggiungere o superare gli altri.
In pratica:
Per decidere di comprare, i clienti devono avere la sensazione che quello che vendiamo li renderà migliori dei loro pari, che l'oggetto dell'acquisto non si troverà sempre a loro disposizione, è limitato nel tempo e nel numero di persone che possono ottenerlo. Fare leva sul senso di competizione è tipico del marketing dei prodotti di lusso, ma si può adattare a qualsiasi oggetto. L'importante è sottolineare che l'esperienza proposta non sarà possibile tutto l'anno.

Gratificazione immediata

Ottenere tutto e subito è ciò che tutti vogliamo di norma; mancanza di tempo, mancanza di pazienza, desideriamo vedere subito il risultato.

In pratica:

Quindi se vogliamo usare questo innesco emotivo, dovremo far emergere la velocità o l'immediatezza del beneficio che ne deriverà dall'acquisto della nostra esperienza. Nel caso di un'esperienza di yoga non potremo promettere un cambiamento per l'individuo, ma ottenere subito le basi per attuarlo in seguito.

In genere si usano parole e locuzioni in grado di trasmettere questa sensazione, per esempio come: immediato, subito, nelle ore successive, ecc.

Desiderio di essere leader

Aspirazione tipica di quei consumatori che amano provare dei prodotti per primi per poi parlarne a familiari e amici.

Persone di questo tipo saranno motivate all'acquisto se avranno la sensazione di essere fra i primi a essersi impossessati del prodotto. Avete presente coloro che bivaccano nel parcheggio per attendere l'apertura del centro commerciale e aggiudicarsi il nuovo modello di Smart phone?

In pratica:

Bisogna comunicare con chiarezza che il prodotto è appena arrivato sul mercato; magari si può creare una lista d'attesa a cui iscriversi via mail per essere avvisati prima degli altri.

Desiderio di fare tendenza

È comune a molti la voglia di sentirsi alla moda e di fare tendenza. Chi si rivolge a un target del genere deve far emergere gli aspetti trendy dei propri prodotti.

In pratica:

In genere la pubblicità televisiva propone celebrità come testimonial, ma i costi sono elevati e non giustificati per le piccole attività. Dovrete solleticare la voglia di acquistare la vostra Esperienza facendo leva sui clienti passati, quindi fate foto e filmati, ricordando di farvi firmare l'autorizzazione per la privacy. Nulla è meglio di volti radiosi e divertiti. Le emozioni sono attaccabili.

La competizione e il desiderio di essere leader sono l'espressione di volontà di fare tendenza, pertanto un'attività che gratifica con un risultato ottenuto, anche se non puramente competitivo, stimolerà il viaggiatore.

Mancanza di tempo

Siamo tutti carenti di tempo, per noi stessi e in famiglia. Ognuno ha i suoi impegni e orari; prima almeno il pranzo la domenica e la sera era un punto fermo. Oggi neppure quello. Non viviamo senza il cellulare appresso e temiamo di non essere "connessi"; subiamo la mancanza di tempo e la voglia di condividere le nostre passioni con altri, come se ci trovassimo in un'eterna corsa.

In pratica:

Un'Esperienza di questo genere deve promettere che il tempo del cliente è speso bene, che quelle poche ore saranno un concentrato di sensazioni ed emozioni, pronte a lasciare il segno e non essere dimenticate.

Il tempo è sempre più prezioso e nessuno vuol sprecarlo, dobbiamo renderlo un concentrato emotivo che farà dire "Ne valeva la pena".

Riepilogo

Gli stati emotivi non viaggiano mai da soli, ma si affiancano tra loro, a volte contrastanti. Questo non deve farvi indugiare, non è un vostro scopo analizzare i pensieri e le volontà altrui, ma quello di creare la vostra Esperienza, secondo ciò che potrete offrire voi al meglio delle vostre possibilità e saperla promuovere seguendo le migliori strategie di comunicazione.

I Livelli Paralleli

Il cervello elabora contemporaneamente questa moltitudine di informazioni secondo schemi diversi, dettati dai "Livelli di vita paralleli". Vediamo di cosa si tratta.

Ognuno di noi vive contemporaneamente in più livelli paralleli, personali e sociali, con i loro sotto-livelli (indicati tra le parentesi):

salute (benessere del corpo, aspetto fisico, energia);
lavoro e scuola (carriera, indipendenza, dovere, passione);
denaro (beni materiali, risparmi, investimenti);
famiglia e vita sociale (figli, compagno/a, amici e conoscenti);
svago (sport, benessere, hobby, passioni. viaggi);
mente (crescita personale, emozioni);
ambiente (casa, ufficio, città, essere ecologisti coerenti).

Ognuna di queste parti richiede uno spazio emotivo, consapevole o inconsapevole, piccolo o grande, importante o superfluo.

Ognuno li ha posti in un elenco, secondo le proprie priorità.

Comprendere i Livelli Paralleli vi aiuterà a identificare i punti di forza della vostra attività e contare su quelli idonei per il marketing emozionale a voi necessario; oltremodo, in seguito, comprenderete i vostri punti sottostimati, carenti e potenziali, avendo e così la possibilità di pianificare i vostri obiettivi.

Ma ciò che conta è identificare i valori e i vantaggi competitivi delle vostre attività, creando competitività e differenziazione nel mercato turistico così ampio e concorrenziale.

Approfondiamo dunque ogni singolo livello parallelo, anche sotto il punto di vista degli aspetti emotivi, in modo tale da esaminare per ognuno gli esempi con maggior consapevolezza.

Salute

Si è sempre usato parlare di salute intesa come assenza di malattia come aspetto più importante della vita. Vero, frase comune, e per questo mettiamo sempre la salute al primo posto delle priorità, forse per scaramanzia, però desideriamo interiormente altri livelli.
Per salute dobbiamo includere anche l'energia vitale, non solo la forma fisica. Per molti potrebbe non essere prioritario l'aspetto esteriore, per altri invece lo è. Le nostre abitudini alimentari sono fondamentali, il sonno, l'eliminazione dello stress quotidiano, spesso costante e in continuo accumulo e dovuto ad altre priorità.
Aspetti emotivi legati a questo livello: ogni forma di benessere ludico come i centri benessere e tutti i loro trattamenti, le terme, le attività all'aria aperta, il cibo salutare, le attività all'aria aperta come il trekking e quelle sportive non agonistiche.
Esperienze tipologie:
Cottage con sauna nel bosco, in una sorta di vita ancestrale dove cucinare all'aperto, nessuna tecnologia disponibile, dormire nel silenzio praticando riti di meditazione con supporto di persone locali per l'approvvigionamento del cibo. Cucinare in fattoria biologica, raccogliendo i fiori dello zafferano all'alba e sedersi con la famiglia a separare petali e pistilli. Incrementa la pazienza e la manualità.
Weekend in castello medievale, circondato da vigneti con trattamenti di bellezza composti da estratti di uva.

Meditazione al suono delle campane tibetane, in riva al mare e al tramonto. Si potrebbe fare anche in altri momenti della giornata.

Day spa con relax e trattamenti a base di prodotti ed estratti naturali.

Lavoro e scuola

Questi livelli occupano una delle parti maggiori della nostra vita e sono la principale fonte di stress. Pochi possono permettersi di far coincidere il lavoro con la propria passione, l'entusiasmo e la curiosità. La scuola poi, ci sembra migliore quando diventiamo adulti, ma da ragazzi...

Le attività da proporre devono essere dei cattura-stress, dei rigeneratori di energia produttiva. In questa parte sono incluse tutte quelle attività collegate al livello mente e anche dei brevi corsi di formazione che spostano l'epicentro cerebrale su altre capacità, fisiche o manuali, tutte le attività sportive amatoriali e sperimentali.

La scuola è un parallelo del lavoro, fino a una certa età, però offre molti più appigli per creare delle proposte, sfruttando anche il fatto che i giovani studenti possono essere interessati a praticare attività energiche e passionali.

Gli aspetti rischio sono più tollerati che negli adulti. Potrà essere facile udire un adulto rinunciare a un'iniziativa per timore di farsi male e dover poi avere dei problemi di gestione una volta tornato a casa, non un giovane. Aspetti emotivi legati a questo livello: anche se contiamo entrambi gli aspetti come il lavoro da grandi e il lavoro da giovani, le influenze stressanti sono completamente però diverse: i lavoratori apprezzeranno attività destress mentre gli studenti saranno più attenti al tipo di connessione wifi che metterete a disposizione, al contorno della struttura turistica, alle iniziative che coinvolgono altri giovani in luoghi di divertimento.

Troppe strutture sono ancora carenti di collegamenti efficienti e per tutto il giorno. Con mia sorpresa ho riscontrato che molte di queste offrono il wifi con tempo determinato e addirittura con un costo aggiuntivo. Inconcepibile! Ci sono molteplici operatori che possono fornire la vostra struttura in modo continuativo ed efficiente. Questo è un costo essenziale da sostenere nel turismo odierno. Potrà essere eliminato solo in certe particolari strutture che riguardano la mente, oppure se volete essere veramente alternativi e mirare a un certo tipo di clientela.

Sono stata in un ristorante in campagna, con chef stellato, dove, pur essendo dotato di wifi, all'entrata bisogna consegnare i cellulari. Ve le restituiranno all'uscita. Ma badate bene, l'uscita è consentita solo dopo aver pagato il conto. Sono escluse uscite temporanee per verificare se qualcuno vi ha chiamato. Dall'esterno sembra divertente, ma siamo cellular-dipendenti. L'abitazione che affitto si trova in un borgo medievale che ho ristrutturato, dove manca completamente il segnale per il cellulare, a meno che non si abbia un satellitare. Per ripescarlo, il segnale, si deve risalire la collina. Quando i visitatori arrivano, inizialmente apprezzano la quiete, poi iniziano ad agitarsi, infine cominciano a vagare intorno la piscina, nel prato accanto e se non resistono prendono l'auto e fuggono per respirare aria di tecnologia.

Il silenzio è un'alternativa, togliere dalla propria vita telefoni e connessioni, ma va presa a piccole dosi.

Pensate a quelle strutture meditative, spesso ricavate in eremi o abbazie, dove non si può neppure parlare.

Religione a parte, bisognerebbe iniziare con un giorno solo e poi incrementare gradualmente, altrimenti invece di diminuire lo stress aumenta.

Esperienze tipologie:

Tecniche di meditazione yoga con soggiorno in ex convento, con alimentazione depurativa.

Settimana o due chi se la sente, in centro benessere, a base di soli liquidi di frutta e verdura, con attività fisica all'aperto il mattino e massaggi e trattamenti. Non si tratta di perdere peso ma di depurare l'organismo dalle scorie.

Funziona, l'ho provato!

Dipingi assieme a un'artista e apprendi le tecniche, soggiornando nella sua casa di campagna.

Notte nei locali della movida, in un tour notturno.

Serata a ritmo di salsa a bordo piscina, con insegnante di ballo.

Denaro

Il denaro rappresenta il target di vita individuale e la vostra struttura turistica dovrà averne un chiaro riferimento, così come le sue iniziative, poiché i vostri clienti apparterranno a quel segmento, disponibile a spendere per quanta possibilità hanno e pertanto più alto è il target più sarà la disponibilità a ricercare e apprezzare prodotti di qualità, trattamenti benessere, escursioni finalizzate ai prodotti di nicchia e approfondimento di ciò che offre la zona circostante, come i campi da golf, i club nautici, equitazione ecc.

Queste persone saranno propense a valutare eventi culturali, artistici e di antiquariato.

Comprendere questo segmento farà in modo che una struttura di livello medio possa attrarre i viaggiatori interessati ma non frequentatori delle sfere di un più alto livello economico. Ovvero, sentirsene parte, godendo dei benefici ma con minori costi.

Se avete notato l'incremento delle piattaforme di vendita che propongono camere in hotel di lusso con alti sconti.

Ciò riduce l'investimento vacanza a un basso livello economico, beneficiando però di strutture di pregio.

D'altra parte ci sono altre fasce di viaggiatori, interessati alla natura, al cibo tradizionale e genuino, a vivere il luogo e non necessariamente dediti al lusso e alle rarità gastronomiche.

Aspetti emotivi legati a questo livello: esigenze legate al lusso, anche apparente, luoghi di pregio e attività sportive di società,

Esperienze tipologie:

Raccolta dei tartufi in riserva privata.
Crociera in veliero con vita di bordo.
Tour in elicottero di una città.
Concerto in Abbazia o castello.
Volo in mongolfiera con degustazione vini.

Famiglia e vita sociale

I rapporti di questo livello includono chi ci sta vicino come coniugi, compagni, figli, genitori, fratelli o sorelle oppure gli amici del cuore, colleghi e tutti coloro con i quali possiamo condividere un viaggio, un'Esperienza, una passione, oppure cogliere l'occasione di accrescerci con curiosità e divertimento.

Le famiglie e i bambini possono costituire un impegno più gravoso nell'organizzazione, ma per una struttura turistica è una grande possibilità essere inseriti nei tour operator specifici di questi viaggi, ampliando così le opportunità di vendita.

Per una struttura ricettiva mirare alle famiglie con bambini presuppone un'organizzazione maggiore, personale preparato e forse arredamenti e spazi attrezzati, con attività dedicate, a volte anche separate.

Questo tipo di vacanze familiari sono molto apprezzate perché i genitori possono riposarsi, "parcheggiando" i figli in mani esperte, dove sicuramente si divertiranno. Come fare una vacanza vicini ma separati, dove ognuno riesce a beneficiare del proprio tempo.

Le mie esperienze in questo senso, in diversi anni, sono sempre state molto positive e le vacanze ricordate nel tempo. Lasciarli soli a socializzare con nuovi amici, divertirsi e magari produrre qualcosa, come una recita, un dipinto, un oggetto. Conservo ancora, dopo anni, le tazze dipinte, gli acquarelli e altro. Prodotti di memoria che fanno riaffiorare ricordi.

Aspetti emotivi legati a questo livello: organizzare un baby club è problematico per via degli spazi? Le esperienze in cucina per i più piccoli si sono moltiplicate e impasticciarsi con la farina o i colori piace alla grande; le camminate alla ricerca di animali o se siamo in fattoria accudire polli, conigli e mucche entusiasma poiché molti bimbi vivono in città e anche gli animali domestici li hanno visti solo nei libri. Anche le attività sportive possono fornire ampi spazi d'inventiva se legate all'ambiente esterno, come i parchi o le aree protette.

Avendo cura di poter programmare le Esperienze adulti/piccoli negli stessi orari, oppure attività in comune, la struttura ospitante può divenire una meta nella quale si torna con piacere.

La vita sociale include le relazioni con le persone che frequentiamo più spesso, oltre la famiglia e il lavoro, ovvero gli amici, i conoscenti della palestra o attività sportive, il fornaio, il barista della mattina, le persone dei social network, le associazioni, i vicini di casa, del club, chi condivide con voi una passione e molto altro ancora.

Spesso le famiglie si uniscono e si ritrovano per passare le vacanze perché i figli sono amici, oppure si conoscono perché ogni anno si rivedono nello stesso periodo sullo stesso posto in vacanza, così i figli quasi crescono insieme. Alcuni amici hanno passato anni della loro vita insieme per le vacanze, stesso luogo.

L'aspetto figli può comprendere anche giovani di età diverse, perciò le attività dovranno essere programmate perché tutti possano avere la loro parte di divertimento.

Esperienze tipologie per bambini e famiglie:
Picnic con Pickles il maialino della fattoria che passeggia con voi al guinzaglio.
Percorso in castello con fantasmi e streghe, notturno.
Passeggiata e tè con le pecore dispettose che vengono a mangiarvi i pasticcini.
Caccia al tesoro dentro il museo di storia naturale.

Cucina piatti tipici con Drag Queen con cena e musica.

Experienze tipologie con amici:
Prepara e decora il sushi con uno chef, con pasto incluso.
Degustazione vini in cantina, con cena nella tinaia.
Caccia di selezione al cervo, in riserva privata con guardia forestale.
Camping ed esplorazione isole con pesca e guida.
Esplora l'isola d'Elba in bicicletta con guida.

Svago

Ognuno ha qualche attività di svago, hobby o passione, che svolge regolarmente o vorrebbe incrementare. Il lavoro toglie spazi personali e a volte si ritagliano ore nelle vacanze, per appropriarci di tempo solo per noi. Qui sono annoverate tutte quelle attività emotive che non possiedono impegno elaborato, basta divertirsi, riposarsi, provare qualcosa senza una finalità precisa, solo per il semplice piacere di farlo, del regalarsi un momento spensierato di gioia, distrazione o curiosità. Rientrano in questo tema tutto l'argomento food e cucina, artigianato, materiali e avventura.

Aspetti emotivi legati a questo livello: provare a fare qualcosa, creare, gustare o ammirarne il risultato.

Non dimentichiamo tutto quello che sa di sport non professionistico: bici, trekking, cavallo, passeggiate culturali, fotografia, disegno.

Esperienze tipologie:

Percorso a cavallo per non esperti, con soggiorno in cottage e pasti inclusi.

Pesca con i pescatori e grigliata di pesce in casa tipica.

Trekking sul crinale e soggiorno notturno nel rifugio.

Cooking class, prosecco e formaggi- soggiorno e pasti inclusi nelle aziende.

Immersioni in parco marino protetto per foto subacquee.

Mente

Viviamo di sensazioni e non potremmo farne a meno, le cerchiano, le condividiamo o ne siamo sopraffatti. Sempre più le emozioni sono costrette a restare fra i ranghi dell'autocontrollo, della disciplina mentale e delle convenzioni. Proprio per questo gli individui sono attratti da ciò che non rientra nelle norme, soprattutto nel tempo libero e in vacanza, quando si può eccedere, rischiare, buttarsi in un'avventura, una prova. Ho sempre definito questo comportamento come essere "l'Indiana Jones della domenica", coloro che fin da piccoli, al suono della campanella, si scapicollavano giù per le scale della scuola. I manager della City di Londra sdraiati ubriachi sui marciapiedi il venerdì sera, gli eserciti di falsi soldati che combattono simulazioni di battaglie con armi giocattolo. Su questo argomento rientrano tutte le Esperienze avventurose, ludiche, artistiche, food e stravaganti. La mente però rappresenta anche la crescita personale interiore, lo stato di benessere psicologico, l'eliminazione dello stress, fosse per apprendere metodologie da continuare in seguito, come lo yoga o la meditazione, oppure di recupero momentaneo come una serie di massaggi alle terme. Quindi questo livello si occupa del tempo che dedichiamo al nostro miglioramento, alle attività che svolgiamo per crescere, rigenerarci e arricchirci interiormente. Aspetti emotivi legati a questo livello: oltre alle avventure citate prima, mi vengono in mente le nuove Esperienze di soggiorno in luoghi dove non si possono usare cellulari e computer e non è permesso comunicare con altri, in mezzo

al silenzio più assoluto. E non c'è bisogno di andare in Tibet o essere religiosi per questa evasione dal mondo.
Esperienze tipologie:
Visitare un'area marina con sport acquatici.
Osservazione di un parco botanico con guida e concerto di liuto con musicista locale.
Cena multisensoriale.
Lezioni musicali all'aperto.
Soggiorno spirituale in abbazia.

Ambiente

Anche per questo livello ci sono più sotto-livelli, Partendo dalla base ci riferiamo all'ambiente come il nostro spazio intimo dove passiamo molto tempo: casa e lavoro, si aggiungono gli spazi di relazione come gli ambienti sportivi o sociali. Ampliando, ci riferiamo all'ambiente inteso come ecologia, natura e sostenibilità.

La struttura turistica è considerata una seconda casa, anche se per breve tempo, e per questo deve offrire qualcosa di diverso da quella di abitazione, un confort e un senso di libertà maggiore.

Però come ambiente noi ci vogliamo rivolgere principalmente alla natura intorno. Questo argomento ha avuto un incremento notevole negli ultimi anni ed è diventato fonte di attrattiva turistica con molti risvolti emozionali: attività nei parchi e nelle riserve naturali con passeggiate guidate alla scoperta di animali, la caccia fotografica, l'orienting; seguono poi tutte le attività in fattoria e molto altro ancora.

Le compagnie di trasporti stanno aprendosi a nuove frontiere commerciali, con mezzi quanto più possibile ecologici, così certe società di recensione strutture turistiche valutano il grado di sostenibilità green di ogni struttura. Quindi i mezzi con i quali organizzerete le esperienze sono importanti.

Aspetti emotivi legati a questo livello:

La pace e la tranquillità che può infondere la natura e il contatto con gli animali è di certo il maggior elemento emotivo che può coinvolgere piccoli e adulti. Il fare parte di un progetto che mira a un aspetto ecologico migliore del nostro pianeta è coinvolgente ed educativo, infatti molte organizzazioni no-profit hanno sviluppato settimane green per ragazzi. Insieme si occupano dell'ambiente, ne sono partecipi e si divertono.

Esperienze tipologie:

Crociera osservazione cetacei con biologo a bordo.

Caccia fotografica subacquea.

Raccolta funghi con esperto micologo.

Soggiorno in una casa sull'albero.

Trekking in parco naturale.

Orienting.

Birdwatching.

Osservazione cetacei.

ASPETTI A PRATICI

Dopo aver letto quanto scritto, possiamo affermare di aver meglio compreso le linee guida del nostro percorso e di essere pronti a mettere in pratica queste conoscenze, per pianificare le migliori Esperienze che vogliamo proporre. Vedremo anche come gestirne al meglio la loro promozione.

Il nostro obiettivo è quello di creare le nostre Esperienze, attraenti, indimenticabili, fortemente emotive e da ricordare.

Proseguiamo passo dopo passo riempiendo gli schemi di ogni sezione.

Ogni struttura avrà i propri schemi che riempirete e in fondo analizzeremo.

Schema 1 - La nostra struttura turistica

Da riempire:
Località dove si trova la struttura ...
Che tipo di struttura...
Se agriturismo quanti appartamenti... dettaglio...
Quante camere totali...   Dettaglio...
Servizi in camera: computer si/no – wi-fi si/no –
scrivania si/no –
terrazza si/no – teiera si/no - altro...
Bagno in camera?...   In tutte le camere?
Servizi nel bagno: asciugacapelli si/no
Spazi interni a comune degli ospiti...
Utilizzo orari spazi a comune...
Wi-fi negli spazi a comune...
Salette meeting o spazi incontri...
Baby club interno... Orario...   Addetto si/no
Età baby club...   Babysitter su richiesta...
Giardino...   Dimensioni
Attrezzatura sportiva...
Giochi...
Piscina...   Dimensioni...   interna/esterna
Bagnino si/no istruttore nuoto si/no
Altri spazi esterni...   Dimensioni
Utilizzo...
Attrezzature esterne...   Specificare
Sala colazioni...   Dimensioni... posti...
Ristorante...   Dimensioni... posti...
Tavoli esterni in giardino o terrazzo...

Scheda 2 - La nostra abitazione

Da riempire:
Località dove si trova l'abitazione...
Tipologia... appartamento si/no   abitazione
singola si/no
Parte di un complesso immobiliare si/no
Quante camere da letto...   posti letto...
Cucina a disposizione? Si/no   lavastoviglie si/no
Possibilità di fare cucinare cuoco esterno   si/no
Servizi a disposizione del cliente: computer si/no – wi-
fi si/no –
scrivania si/no – stampante si/no
Bagno in camera?...   In tutte le camere?
Spazi interni...
Utilizzo orari spazi a comune...
Wi-fi negli spazi a comune...
Giardino privato...   Dimensioni
Giardino comune...
Attrezzatura sportiva...
Attrezzatura per hobby...
Giochi...
Piscina...   Dimensioni...
Bagnino si/no
Tavoli esterni in giardino o terrazzo... barbecue si/no
Forno a legna si/no

Scheda 3 - La nostra località

Città si/no   borgo si/no   periferia si/no

Campagna si/no   mare si/no
     montagna si/no
Abitazioni nelle vicinanze si/no   distanza...
Livello di silenzio da 0 a 10...
Strada nelle vicinanze, livello di traffico da 0 a 10
Sicurezza della zona...
Farmacia nella zona...
Pronto soccorso distanza...
Attrazioni naturali...
Monumenti si/no
Pulizia circostante da 0 a 10
Ambiente naturale circostante da 0 a 10
Persone che visitano il luogo da 0 a 10
Motivazioni delle visite da parte dei turisti...

Scheda 4 - Esperienze attuali

Proponi esperienze? Si/no
Se le proponi
Quale tipologia?...
Quante? Giornaliere – settimanali – mensili – periodiche – stagionali
Ti avvali di collaboratori per le tue Esperienze? Si/no
Ti avvali di professionisti per le tue Esperienze? Si/no
Ogni quanto rinnovi le tue Esperienze?...
Quale indice di gradimento ricevi da 0 a 10...
Ti chiedono di ripetere l'Esperienza?
Consigliano la tua Esperienza ad altri?
Recensioni delle tue Esperienze da 0 a 10...

Scheda 5 - Concorrenza

Altre strutture turistiche o appartamenti nelle vicinanze
si/no
Tipologia... appartamenti n...   hotel n...
        agriturismi...
b&b... Altro...
Propongono esperienze? Si/no
Avventura si/no   sport si/no   artigianato   si/no
        cucina si/no
Trekking si/nodegustazioni si/no
Possiedi Esperienze similari alla concorrenza? Si/no
Hai già in mente Esperienze nuove? Si/no
Perché?,,,
Quali tipologia vorresti applicare...
Quali Emozioni vuoi suscitare...
Quale storia vogliamo raccontare...

Scheda 6 – Creiamo la nostra Esperienza

Dopo aver raccolto tutti i dati, siamo giunti a confezionare la nostra Esperienza che farà vivere emozioni e sensazioni uniche al cliente.
Che tipo di esperienze si possono far vivere ai clienti? Per rispondere a questa domanda elenchiamo, ora, le cinque tipologie di esperienze secondo il marketing emozionale.

ESPERIENZA SENSORIALE
Sono esperienze che coinvolgono la percezione sensoriale, quindi i 5 sensi e possono risultare essere molto efficaci in quanto esercitano una forte influenza sul cliente.
Cucinare...
Degustazioni...
Artigianato...

ESPERIENZA EMOTIVA
Coinvolgono sentimenti ed emozioni, a volte anche quelli più intimi. Esperienze di questo tipo sono molto potenti in quanto questi momenti aggiungono gradualmente emozioni all'esperienza, creando un legame con il cliente.
Animali...
Amore...
Scoperte...
Avventure...

ESPERIENZE COGNITIVE
Queste sono esperienze di tipo creativo e cognitivo, che basano il coinvolgimento del cliente sulle azioni mentali,

con stimoli più duraturi rispetto ad altri tipi di esperienze, spingendo i client a interagire con l'azienda e i servizi in modo cognitivo o creativo.
Meditazione...
Silenzio...
Arti marziali...
Apprendimento di tecniche...

ESPERIENZA RELAZIONALE
Pongono il consumatore in relazione con un gruppo di soggetti aventi le stesse aspirazioni e gli stessi interessi, coinvolgendo le persone che rientrano in un target specifico, per interessi ed aspirazioni e che saranno più propense ad acquistare un prodotto o servizio se altri membri del gruppo avranno sviluppato un'opinione positiva in merito.
Trekking in gruppo...
Ballo o danza...
Sport...
Attività di osservazione...

ESPERIENZE DI QUALITÀ
Sono fughe dal tempo, fuori dai canoni della consuetudine e dagli stereotipi. Emozioni ben specifiche e non largamente diffuse fra la massa. Usate da due tipologie di clienti: quelli in prova, non sempre soddisfatti del risultato ottenuto e quelli che ripetono periodicamente l'esperienza perché sono sicuri di quello che ottengono in base al passato.
Archeologia...
Sport di lusso...
Visita a immobili storici privati...

ESPERIENZE SOSTENIBILI

La qualità emozionale di queste esperienze è collegata alla sostenibilità ambientale e alle culture locali. Il rispetto e la valorizzazione dell'ambiente e del territorio, in un mondo sempre più degradato, ne risalta la rarità e il valore.

Parchi...

Ambiente naturale...

Aree protette

Come promuovo la mia Esperienza

Costruire relazioni per promuovere la propria attività significa mostrarsi ovunque questi possano vederti.

Non è sufficiente possedere un sito web e sperare che qualcuno ti noti, è fondamentale essere attivi con i social network, blog, articoli e commenti.

Il web marketing turistico deve partire, dunque, innanzitutto dalla considerazione geografica dell'azienda, vedere quali operatori sono interessati alla zona, indicare con precisione la propria collocazione, non solo grazie ai dati sul proprio sito web, ma anche grazie agli altri strumenti a disposizione online.

Il turista di oggi, poi, è sempre più esigente, anche perché è in grado di confrontare in modo rapido e semplice diverse proposte, valutando velocemente quella per lui più conveniente. Dobbiamo disegnare l'*Esperienza* turistica in modo ampio, per essere in grado di ideare offerte su

misura per ciascun segmento e sotto-segmento di viaggiatori.
Essenziale diviene lo **Storytelling**, cioè la capacità di narrare storie significative in grado di influenzare le scelte dei consumatori. In che modo? Rendendo familiari e attrattive le destinazioni turistiche che vogliamo promuovere e diffondendo queste esperienze online.
Le metodologie di progettazione turistica consentono di innovare radicalmente l'approccio tradizionale al marketing turistico, partendo dal concetto di Esperienza di viaggio. Rimodellare e far evolvere l'offerta, lavorando **sull'immaginario, sugli stili di vita e sui simboli.**
Il viaggiatore deve essere emotivamente coinvolto prima della partenza.
Il turista oggi ha voglia di partecipare, non ha problemi a esprimere la propria opinione in pubblico su canali specifici, magari documentando con foto e video la propria esperienza di viaggio, che diventerà così il punto di partenza per le ricerche online di altri viaggiatori nella loro fase di informazione prima della partenza.
Social e web sono diventati infatti i canali principali per la ricerca di informazioni, l'approfondimento e lo scambio di opinioni; nel 2018 gli utenti connessi in internet sono 4 miliardi, dei quali 58 milioni in Italia.
La crescente indipendenza del turista genera contemporaneamente nuovi segmenti di clientela che è possibile intercettare solo dotandosi di strumenti tecnologicamente avanzati che permettano, in particolare al viaggiatore straniero di conoscere e acquistare l'Esperienza Italia.
I comportamenti dei viaggiatori sono sempre più social e digital e oltre il 90% ha prenotato online almeno un prodotto o un servizio negli ultimi 12 mesi e utilizza i motori di ricerca come principale fonte attraverso cui

cercare o pianificare una vacanza; sono utilizzati smartphone, tablet, ecc. per pianificare, prenotare, informarsi.

Prima di decidere il luogo e le modalità del viaggio, la maggioranza ricerca informazioni online, seguendo raccomandazioni di amici, colleghi, conoscenti anche grazie ai social network e su blog di settore, che raccontino esperienze di viaggio vissute da altri.

Poi, il viaggiatore digitale naviga online scegliendo le offerte che ritiene più convenienti, confrontando recensioni e valutazioni per essere sicuro della qualità di quanto sta acquistando.

Anche nella fase del viaggio il turista utilizza fonti online per valutare attività e servizi, creando nuovi contenuti e condividendoli, postando immagini e commentando sugli stessi blog che aveva consultato in fase di preparazione.

Quindi, dobbiamo esserci e in modo consapevole!

Scheda 7 – Il mio sito web

La mia struttura o appartamento ha un proprio sito web?
Si/no
Mostro immagini fotografiche?
Della struttura   si/no
Delle camere   si/no
Dei servizi disponibili   si/no
Degli spazi comuni   si/no
Delle attività possibili   si/no
Del territorio circostante   si/no
Delle Esperienze   si/no
Mostri foto dei clienti durante il soggiorno?   Si/no
Mostro filmati?
Struttura   si/no
Attività   si/no
Prodotti   si/no
Esperienze   si/no
Mostri filmati dei clienti durante il soggiorno?
Il sito include un blog?   Si/no
I clienti possono commentare?   Si/no
Gli esterni possono commentare?   Si/no
Segui il sito web da solo?   Si/no
Qualcuno segue il tuo sito web o blog?   Si/no

Scheda 8 – Promuovo il mio sito web

e le mie Esperienze?

Il mio sito è collegato a un motore di ricerca?   Si/no
Il mio sito è collegato a più motori di ricerca. Quali?...
Il mio sito è inserito in portali turistici. Quali?...
Il mio sito è promosso da blog?   Si/no
Il mio sito è inserito in qualche link esterno? si/no
Promuovo le mie Esperienze tramite...
Il mio sito   si/no
Blog   si/no
Portali specializzati   si/no
Giornali   si/no
Depliant   si/no
Socials   si/no
Mailing list si/no
Offerte si/no

CONCLUSIONI

È giunto il momento di radunare tutti i dettagli che abbiamo raccolto e porli in ordine per creare l'Esperienza che vogliamo proporre.

Abbiamo analizzato le nostre potenzialità, i nostri valori aggiunti rispetto alla concorrenza, i nostri punti di attrazione.

Adesso resta solo la fase AZIONE!

All'inizio potrà sembrare complesso, ma non lo è. Dovrete solo credere negli aspetti esclusivi della vostra proposta e pianificare la giusta promozione.

NON AVETE PAURA DI OSARE.

LE EMOZIONI ATTRAGGONO, QUALUNQUE ESSE SIANO!

Per tutte le vostre curiosità, idee e domande,
IO E IL MIO TEAM CI SIAMO!

foreveritalyltd@gmail.com